UNNÜTZES WISSEN: 1001 KURIOSE UND LUSTIGE FAKTEN

Ein Buch über Erstaunliche Neuigkeiten für Teenager, Männer und Frauen Interessante Geschenke

WISSEN ECKE

UNNÜTZES WISSEN: 1001 KURIOSE UND LUSTIGE FAKTEN

Ein Buch über Erstaunliche Neuigkeiten für Teenager, Männer und Frauen Interessante Geschenke

WISSEN ECKE

Weltweit gedruckt

Erstdruck 2022

Erstausgabe 2022

10 9 8 7 6 5 4 3 2 1

UNNÜTZES WISSEN: 1001 KURIOSE UND LUSTIGE FAKTEN

Inhaltsverzeichnis

EINLEITUNG

Willkommen in einer Welt, in der alles verwirrend erscheint. Wahrscheinlich gehören Sie zu der Sorte Mensch, die gerne über die weniger bekannten Fakten unserer Welt nachdenkt.

Wir haben dieses Buch geschaffen, um Ihnen zu zeigen, dass um uns herum ständig Dinge passieren, an die Sie nicht einmal denken und die Sie für eine einzige große Absurdität halten würden. Wir können ohne zu zögern sagen, dass Sie sich bei einigen dieser Fakten oder Kuriositäten wieder wie ein übereifriges Kind fühlen werden. Übrigens: Ein durchschnittlicher Vierjähriger stellt etwa 400 Fragen pro Tag. Wir leben in einer seltsamen Zeit, in der alles selbstverständlich und standardisiert zu sein scheint. Wir möchten, dass Sie sich mit diesem Buch an die einfache Freude am Entdecken erinnern.

Die größte Wüste der Welt ist nicht die Sahara?

Welches Tier fühlt den Geschmack mit seinen Füßen?

Dort ist seit 2 Millionen Jahren kein einziger Tropfen Regen gefallen. Was ist das für ein Ort?

Die Antworten auf diese Fragen und vieles mehr finden in 38 interessanten Wissenskategorien.

Das Buch nimmt Sie mit auf eine Reise durch fast alle Ecken und Winkel unseres Planeten und darüber hinaus. Ich denke, dass Sie bei der Lektüre auf Themen stoßen werden, bei denen Sie sich am Kopf kratzen werden oder die sie zum Lachen bringen, und dass Sie mit einer Vielzahl interessanter Fakten Ihre Familie oder Freunde auf vielen Ebenen überraschen können.

Einige Teile des Buches könnten für Kinder zu unverständlich sein. Keine Sorge, es ist nicht zu intensiv, aber die Themen sind vielleicht etwas fortgeschritten für sie.

Lehnen Sie sich zurück und machen Sie sich bereit für stundenlange, erstaunliche Erfahrungen mit diesem Buch. Hat jemand gesagt, dass Lesen langweilig ist? Sie werden feststellen, dass das Lesen mit Hilfe von 1001 Fakten und Wissenswertem Spaß macht und Sie fesselt. Wir sehen uns auf der anderen Seite des Buches.

MUTTER ERDE

- Die Erde ist der dritte Planet von der Sonne. In Bezug auf die Größe belegt sie jedoch den 5. Platz im Sonnensystem. Die Erde ist der einzige bekannte Planet, auf dem es vor schätzungsweise 4,54 Milliarden Jahren Leben gab.
- Man schätzt, dass insgesamt über 107 Milliarden Menschen auf der Erde lebten.
- Mit welcher Geschwindigkeit dreht sich die Erde? Am Äquator beträgt diese Geschwindigkeit 1667 Kilometer pro Stunde und an den Polen 0 Kilometer pro Stunde.

- Was würde mit der Erde passieren, wenn der Mond verschwinden würde? Aufgrund des Endes der Meeresgezeiten würde es zu großen Wetteränderungen kommen. Die Erde würde beginnen, sich schneller zu drehen.
- 70,8 % der Erde bestehen aus Wasser, der Rest sind Inseln und Kontinente.
- Der höchste Punkt der Erde ist der Mount Everest – seine Höhe beträgt 8848 m.
- Der tiefste Punkt der Erde ist Challenger Deep im Mariengraben. Seine Tiefe beträgt 10994 m.
- Ein Tag auf der Erde dauert genau 23,9345 Stunden.
- Vor etwa 700 Millionen Jahren, während der größten Eiszeit, war praktisch die gesamte Erdoberfläche mit Eis bedeckt.
- Die Temperatur im Erdkern ist so hoch, dass die Gesteine dort genauso flüssig sind wie im Erdmantel.
- 400 km über der Erdoberfläche beginnt der Van-Allen-Gürtel, der uns vor kosmischer Strahlung schützt.
- Obwohl der Planet Erde für uns sehr vielfältig ist, ist er tatsächlich glatter als eine Bowlingkugel. Hohe Berge und tiefe Meeresgräben machen nur 1/5000 seines Umfangs aus.
- Im Sonnensystem sind die meisten Planeten nach römischen Göttern und Göttinnen benannt. Aus diesem Muster bricht nur die Erde aus.
- Die Armstrong-Grenze ist der Punkt, an dem 18.900 / 19.350 Meter über der Erde das Wasser mit 36 Grad kocht.
- Ein Gewitter ist ein extrem häufiges Wetterereignis, das auf der Erde auftreten kann. Jeden Tag werden auf unserem Planeten 8,6 Millionen elektrische Entladungen erzeugt.
- Das Gewicht der Gewitterwolke beträgt rund siebenundvierzigtausend Kilogramm.

- Jeden Tag finden auf der Erde 10 Vulkanausbrüche statt.
- Wenn man das gesamte Wasser der Erde in eine einzige Kugel „packen" würde, hätte sie einen Durchmesser von 860 Kilometern. Dies entspricht ungefähr Tethys, einem der Saturnmonde.
- „Gute Veränderung" ist ein relativer Begriff – vor allem in der Natur: Als Folge der Veränderungen auf dem Planeten werden schätzungsweise 75 % der heutigen Tierarten innerhalb von 300 Jahren verschwinden.
- Die Erde ist der einzige Planet im Sonnensystem, auf dem eine Sonnenfinsternis auftreten kann.

DER MENSCH

- Kleinkinder haben 300 Knochen, ein Erwachsener „nur“ 206. Warum? Einige der Knochen heilen im Laufe der Zeit und bilden größere, einheitliche Elemente unseres Skeletts.
- Auf jedem Quadratzentimeter des menschlichen Körpers befinden sich etwa 6 Millionen Bakterien. Sie bilden eine Schutzschicht, stimulieren das Immunsystem und schützen vor Allergien.
- Die in Bytes ausgedrückte Kapazität des Gehirns beträgt ca. 50 Terabyte, was über 45.000 Gigabyte entspricht. Das bedeutet, dass sich ein Mensch buchstäblich alle Details von etwa 65.000 DivX-Filmen merken kann.

- Das menschliche Herz ist eine so starke Pumpe, dass es Blut bis in die Höhe des dritten Stockwerks (ca. 10 m) ausstoßen kann.
- Die Gesamtlänge aller Blutgefäße des Menschen beträgt etwa 100.000 km.
- Der Mensch produziert täglich etwa 1,5 Liter Speichel. Während seiner Lebensdauer sind dies ca. 40.000 Liter, was ungefähr dem Fassungsvermögen eines Tankers entspricht. Interessant ist auch, dass Speichel ein Schmerzmittel enthält, das stärker ist als Morphin – Opiorphin.
- Für einen Schritt müssen bis zu 200 Muskeln arbeiten. Ein statistischer Erdbewohner macht im Laufe seines Lebens so viele Schritte, dass er die ganze Erde umrunden könnte … zweimal.
- Die Auskleidung der Magenschleimhaut wird alle 5 Tage komplett erneuert. Diese millimetergenaue Schleimschicht ist notwendig, weil die Salzsäure im Magen so stark ist, dass sie beispielsweise eine Rasierklinge auflösen kann.
- Blondinen haben mehr Haare als Brünetten. Die durchschnittliche Person hat etwa 100.000 Haarfollikel auf dem Kopf, die im Laufe ihres Lebens etwa 20 Haare „produzieren" können. Menschen mit blonden Haaren haben durchschnittlich etwa 146.000 Haarfollikel, dunkelhaarige Menschen haben durchschnittlich 110.000, während Menschen mit roten Haaren die kleinste Zahl haben – nur 86.000.
- Ein einzelnes menschliches Haar hält einer statischen Belastung von 150 bis sogar 250 Gramm stand. Das bedeutet, dass man an einem Seil aus allen Haaren einer blonden Person mehr als 20 Tonnen heben könnte, was ungefähr dem Gewicht von vier afrikanischen Elefanten entspricht.
- Der menschliche Körper kann ohne Nahrung länger überleben als ohne Schlaf. Ein Mensch ohne Nickerchen kann nur 10 Tage überleben.

- Der Nervenimpuls fließt im menschlichen Körper mit einer Geschwindigkeit von fast 300 Stundenkilometern. So erreicht er die gleiche Geschwindigkeit wie ein Formel-1-Auto.
- Zum Lächeln verwenden wir 17 Muskeln.
- Das Herz pumpt täglich etwa 7.200 Liter Blut durch die Blutgefäße, was ungefähr 50 Bädern entspricht.
- Obwohl das Gehirn nur 2 % unseres Körpergewichts ausmacht, verbraucht es fast 20 % des gesamten Sauerstoffs, den wir atmen.
- Die menschliche Nase kann etwa 50.000 Gerüche erkennen.
- Pro Lebensjahr verliert eine Person täglich etwa 7.000 Gehirnzellen. Glücklicherweise haben wir rund eine Billion davon. Wenn wir also 7.000 von ihnen pro Tag verlieren, würden wir erst nach 391 389 432 485 Jahren auf Null kommen.
- Wenn Sie jemanden ansehen, den Sie lieben, weiten sich Ihre Pupillen. Und das sogar auf viermal der ursprünglichen Größe.
- Ein Blinken dauert ungefähr 1/3 Sekunde. Wir blinken durchschnittlich 10- bis 20-mal pro Minute, unsere Augen sind also etwa eine Stunde am Tag geschlossen. Außerdem blinken Frauen häufiger als Männer.
- Tränen sind chemisch voneinander verschieden. Die chemische Zusammensetzung von Tränen, die z.B. durch Wind verursacht werden, und emotionale Tränen, also Tränen, wenn wir vor Traurigkeit weinen, sind unterschiedlich. Es gibt mehr Magnesium und Prolaktin in den emotionalen.
- Man sagt "Gesundheit", wenn man niest, weil beim Niesen Ihr Herz für eine Millisekunde stoppt.
- Ein Person kann etwa einen Monat ohne Nahrung leben, aber nur etwa eine Woche ohne Wasser.

DER WELTRAUM

- Der Mensch versucht ständig, dem Kosmos näher zu kommen und schickt viele Sonden, Satelliten und andere Flugobjekte ins Universum. Es wird geschätzt, dass derzeit 22.000 Objekte, die von Menschen geschaffen und dorthin geschickt wurden, in der Galaxie zu sehen sind. Dazu kommen noch 16.000 inaktive Objekte.
- Seit den 1950er Jahren wird der Kosmos mit menschengemachten Objekten bereichert. Es wird geschätzt, dass nur fünf Prozent von ihnen funktionieren, und jeden Tag fällt mindestens ein Weltraumschrott auf die Erde.

- Laut schwedischen Wissenschaftlern war der Mond früher Teil unseres Planeten. Vor vier Billionen Jahren flogen aufgrund einer Kollision mit Theia die Trümmer unseres Planeten hoch und verschmolzen zum Mond.

- Der größte Mond im Sonnensystem ist Ganymed, der natürliche Satellit des Jupiter. Der Mond ist nur fünfter in der Reihe.

- Im Zentrum der Milchstraße befindet sich ein Schwarzes Loch. Es wird geschätzt, dass es eine 4-Millionen-fache Masse der Sonne hat. Beeindruckend, aber ist es viel im Maßstab des Universums? Nun, nein. Das größte bekannte Schwarze Loch hat eine Masse von über 17 Milliarden Sonnenmassen.

- Es gibt 40-mal mehr Sterne im Universum als Sandkörner auf der Erde (über 200 Billionen).

- Jupiter ist 2,5-mal so schwer wie alle anderen Planeten im Sonnensystem (318-mal so groß wie die Erde).

- Auf dem Mars befindet sich der größte Berg des Sonnensystems, der Olymp, er ist über 26 km hoch. Der Berg ist so gewaltig, dass man, wenn man auf seiner Spitze steht, den Vorberg nicht sehen kann, der außerhalb des Horizonts liegt. Mars hat auch den größten Krater, 2.100 km im Durchmesser und 9 km tief.

- Einer der wichtigsten Momente in der Geschichte der Menschheit war, als ein Mensch seinen Fuß auf die Mondoberfläche setzte. Das war am 20. Juli 1969 um 22:56:15 Uhr EDT. Zum Gedenken an diesen historischen Moment wurde die Flagge der Vereinigten Staaten aufgestellt, die für … 5,50$ gekauft wurde.

- Diamantenregen treten auf dem Jupiter auf. Der Spruch „Wetter für die Reichen" bekommt eine neue Bedeutung. Auch auf anderen Planeten ist mit interessanten Regenfällen zu rechnen, beispielsweise auf der Venus mit Regen aus Schwefelsäure.

- Der größte bekannte Stern, UY Scuti, im Sternbild des Schildes hat ein Volumen, das 5 Milliarden Mal so groß ist wie das Volumen der Sonne. Es ist auch 340.000 Mal heller.

- Das Universum ist über 90 Milliarden Lichtjahre lang. Wir sprechen natürlich vom sichtbaren (beobachtbaren) Teil. Es ist unmöglich zu sagen, wie hoch der Prozentsatz des gesamten Universums ist. Wer weiß, vielleicht können wir eines Tages dorthin schauen, wo menschliche Augen nicht hinkommen.

- Ein Lichtjahr entspricht etwa 9,5 Billionen Kilometern, d.h. $9{,}46 \times 10^{12}$ KM.

- Das erste Tier im Weltraum war Laika. Der Hund wurde 1957 vom sowjetischen Schiff Sputnik 2 ins All geschossen. Die Wahrheit über sein Schicksal wurde erst 2002 enthüllt. Von Beginn des Fluges an gab es keine Pläne, ihn zur Erde zurückzubringen. Der Hund starb wahrscheinlich nach weniger als 10 Stunden, und die Todesursache war Überhitzung (die Temperatur in der Kapsel war über 40 ° C) und Stress durch übermäßigen Lärm, Vibration und Beschleunigung.

- Der Kosmos hat einen Geruch, obwohl es für einen Menschen natürlich schwierig ist, ihn zu riechen, weil er außerhalb der Raumstation immer im Raumanzug sein muss. Dieser Geruch ist jedoch nach dem Öffnen der Luftschleuse zu spüren, z.B. aufgrund eines Weltraumspaziergangs. Astronauten vergleichen es mit heißem Metall, dem Geruch eines Grills oder statischer Elektrizität (eine Situation, in der wir beispielsweise „elektrifizierte“ Kleidung ausziehen). Verantwortlich für diesen Geruch ist höchstwahrscheinlich Ozon.

- Wir werden jedoch keinen Ton im Weltraum hören. Schallwellen können sich im Vakuum nicht ausbreiten. Selbst wenn im Weltraum etwas passiert, das auf der Erde Lärm verursacht (z. B. eine Kollision zweier Objekte), wird es im Weltraum still sein.

- Es dauert etwa 100.000 Jahre, bis die Photonen vom Kern der Sonne die Sonnenoberfläche erreichen und den Stern verlassen. Von der Oberfläche der Sonne wiederum erreicht Licht die Erde ... in etwas mehr als 8 Minuten.

- Wenn Wasser auf der Erde kocht, entstehen Tausende winziger Bläschen. Im Weltraum jedoch ist das Ergebnis des kochenden Wassers die Bildung einer riesigen Blase. Wissenschaftler glauben, dass dies auf das Fehlen von Konvektion und Auftrieb zurückzuführen ist, die mit der Schwerkraft einhergehen.

- Weltraumastronauten verlieren jeden Monat etwa 1 % ihrer Muskelmasse, wenn sie nicht jeden Tag mindestens 2 Stunden Sport treiben.

- Die Gesamtkosten für einen Raumanzug betragen weniger als 11 Millionen US-Dollar.

- Ein Mensch kann ohne Raumanzug 15 bis 30 Sekunden im Weltraum überleben, solange er einatmet, bevor er das Schiff verlässt. Das Einatmen verhindert, dass die Lunge platzt. Nach etwa 15 Sekunden wird eine Person aufgrund von Sauerstoffmangel bewusstlos, was zum Erstickungstod führt. Es ist möglich, dass das Trommelfell der Person platzt. Blut kann aufgrund seines Drucks nicht kochen, was beim Speichel nicht der Fall ist. Das größte Problem wird jedoch ein Mangel an Sauerstoff sein, nicht ein Mangel an Druck in einem Weltraumvakuum.

- Der erste Mensch, der durch ein Teleskop ins All blickte, war Galileo. Es geschah vor fast 400 Jahren.

- Der Sommer auf Neptun dauert 40 Jahre lang. Die Temperatur fällt jedoch auf -200 Grad.

AUS ALLER WELT

- In Vietnam befindet sich mit der Sơn-Đoòng-Höhle die größte Höhle der Welt. Sie ist 200 Meter hoch und 150 Meter breit und wurde erst vor relativ kurzer Zeit, 1991, von einem örtlichen Landwirt entdeckt.
- Der Wasserfall Salto Ángel gilt als der größte Wasserfall der Welt. Mit einer Länge von fast 979 Metern ist dieses natürliche Objekt fast 11-mal so groß wie der berühmte Niagara, und seine längste Verwerfung misst mehr als 800 Meter.
- Die 2000 km voneinander entfernten Inseln Samoa und Kiribati sind durch einen Zeitunterschied von 25 Stunden getrennt.

- 90 % der Weltbevölkerung leben auf der nördlichen Hemisphäre.
- Algen, die im Lac Rose im Senegal in der Nähe von Dakar vorkommen, färben das Wasser rosa und lassen es wie Zuckerwatte aussehen.
- Das Wasser der Devil's Kettle Falls verschwindet in einem schwarzen Loch, das noch nicht erforscht wurde. Es ist daher nicht bekannt, wohin das Wasser des Devil's Kettle Falls fließt.
- Die größten Baumfarne findet man in Neuseeland. Ihr Stamm ist bis zu 20 Meter hoch und hat einen Durchmesser von 0,5 Metern.
- 5100 m über dem Meeresspiegel in Peru liegt die höchstgelegene Stadt der Welt, La Rinconada.
- Finnland ist das waldreichste Land Europas. Wälder machen bis zu 73 % der Landesfläche aus.
- Gebärdensprache ist neben Maori und Englisch eine der offiziellen Sprachen Neuseelands.
- Die höchstgelegene europäische Hauptstadt ist Andorra (1023 m über dem Meeresspiegel). Sie liegt an den Südhängen der Pyrenäen. Madrid (668 Meter über dem Meeresspiegel) folgt auf dem zweiten Platz. Madrids Lage macht die Winter ziemlich kalt. Trotz des warmen Klimas kommt es hier zu Frösten und Schneefällen.
- Etwa 600.000 mauretanische Einwohner sind Sklaven, was 20 % der Bevölkerung entspricht. Die meisten von ihnen sind schwarze Angehörige des Volkes der Haratin, die seit sehr langer Zeit versklavt sind. 1981 wurde die Sklaverei abgeschafft, seit 2007 ist die Sklavenhaltung strafbar. Allerdings respektiert niemand dieses Recht – bisher wurde nur eine Person bestraft.
- Campi Flagrei – größtenteils unter dem Wasser der Bucht, über der Neapel liegt – ist er einer der größten Vulkane der Welt. Es kann mit der Kraft von VEI 7

explodieren, was die höchste Eruptionskraft bedeutet, die als superkolossal bekannt ist.

- Aufgrund seines kleinen Ausbruchs im Jahr 1538 wurde ein neuer Hügel geschaffen, der Monte Nuovo genannt wurde. Es besteht jederzeit die Gefahr, dass dieser Vulkan ausbricht.

- Tsunami-Wellen können sich mit einer Geschwindigkeit von bis zu 900 Kilometern pro Stunde ausbreiten.Auf hoher See kann der Durchgang einer Welle mit so hoher Geschwindigkeit unbemerkt bleiben, da die Wellen mehrere hundert Kilometer lang sind, während ihre Höhe mehrere Dutzend Zentimeter nicht überschreitet.

- In den USA treten Tornados am häufigsten an der Ostküste auf. Die Ebenen zwischen den Appalachen und den Rocky Mountains wurden als „Allee der Tornados" bezeichnet. Allein in Oklahoma gibt es durchschnittlich 52 Tornados pro Jahr.

- Llanfairpwllgwyngyllgogerychwyrndrobwllllantysiliogogogoch ist eine Stadt in Nordwales und bedeutet genau übersetzt "Kirche der Heiligen Maria am Teich zwischen weißen Haselnussbäumen in der Nähe des Wasserstrudels unter der Roten Grotte bei der Kirche St. Tysilia". Er ist der längste Städtename Europas und einer der längsten der Welt.

- Der Korowai-Stamm lebt in Neuguinea und baut seine Häuser auf bis zu 40 m hohen Bäumen. Etwa alle zehn Jahre suchen sie nach Sagopalmen und siedeln an einem anderen Ort.

- Das Tote Meer vor etwa 120.000 Jahren hatte wenig mit Wasser zu tun, weil es ein Sandstrand war. Erst vor 17.000 Jahren war der Wasserstand so hoch, dass er mit dem See Tiberias verschmolz. Das Tote Meer wurde aufgrund des sehr hohen Salzgehalts des Wassers so benannt – eine Person, die nicht schwimmen kann, wird sich ohne große Probleme über Wasser halten.

- Die höchste senkrechte Steilwand der Welt – 1.250 Meter – ist der Mount Thor in Kanada.
- Die Einreise auf die brasilianische Insel Ilha da Queimada Grande in der Nähe von Sao Paulo ist verboten. Alles wegen einiger der giftigsten Schlangenarten, die man dort in großer Zahl findet. Für jeden Quadratmeter gibt es nämlich 1 bis 5 Schlangen.
- In China gibt es auf dem Berg Tianmen eine Glasbrücke, die 1.430 Meter über dem Boden hängt und 60 Meter lang ist. Das in der Konstruktion verwendete Glas hat eine Dicke von 6 cm.
- Die kanadische Stadt Sierra Nevada hat rosa Schnee mit einem Wassermelonenduft. Dieses faszinierende Phänomen ist das Ergebnis der Anwesenheit von roten Pigmentalgen.
- Die Niagarafälle sind der bekannteste und beliebteste Wasserfall der Welt, aber auf dem amerikanischen Kontinent rangiert er in Bezug auf die Höhe nur auf Platz 23.
- Rainbow Bridge in Utah, USA, zählt zu den größten natürlichen Bögen der Welt. Es ist 85 Meter lang und 7 Meter breit. Rekordhalter ist der Landscape Arch im gleichen Bundesstaat der USA, der 88 Meter lang ist und sich über 30 Meter erhebt.
- In der vietnamesischen Halong-Bucht tauchen große Felsen aus den Tiefen des Wassers auf, die zusammen eine wunderbare Landschaft bilden. Auf einer Fläche von 1.500 km^2 ragen 3.000 Inseln, Inselchen und Riffe aus dem Wasser. Viele von ihnen haben Höhlen, z.B. die Höhle der Wunder, die von Pilgern gerne besucht wird. Laut den Vietnamesen ist die Halong-Bucht das achte Weltwunder.
- Öl entsteht aus den Überresten von Plankton – mikroskopisch kleinen Organismen, die vor zig Millionen Jahren von der Erde bedeckt wurden.

- Der dickste Baum der Welt ist die Zypresse, die in Mexiko wächst. Der Stammumfang beträgt am Boden 50 Meter, während er in einer Höhe von 1,5 Metern 34 Meter erreicht.
- Die Kokospalme kann bis zu hundert Jahre alt werden und bis zu 450 Früchte pro Jahr produzieren. Kokosnüsse können Tausende von Kilometern schwimmen und auf den Wellen des Meeres treiben, bevor sie an einem Strand landen und dort Wurzeln schlagen.
- Australien ist breiter als der Mond.
- In den Tropen treten Wirbelstürme in den Meeren und Ozeanen auf. Dieses Phänomen wird von heftigen Regengüssen und so genannten hohen Wellen begleitet. Die Windgeschwindigkeiten können dann bis zu 200 km/h erreichen. Im Jahr 1969 fielen bei einem Wirbelsturm in Taiwan an einem einzigen Tag fast 2 Meter Wasser, während im 19. Jahrhundert in Indien ein 12 Meter hoher Wirbelsturm 250.000 Menschen tötete.
- 1988 fielen 200 000 Tonnen Sand aus der Sahara auf Europa. Ein starker Wind hob den Sand in die Luft und trug ihn von Algerien über Europa. Die abgekühlten Körner vermischten sich dann mit Wassertröpfchen und fielen, eine große Wolke bildend, als roter Regen auf den Boden.
- Baumwolle wird in mehr als 75 Ländern kommerziell angebaut, wobei die Vereinigten Staaten, Usbekistan und China die größten Erzeuger sind, dicht gefolgt von Indien und Pakistan. Ein Arbeiter kann an einem Tag 110 kg Säcke manuell ernten. Eine Maschine hingegen sammelt so viel in einer Stunde ein.
- Auf der philippinischen Insel Luzon gibt es einen See, auf dem eine Insel liegt, auf der eine weitere Insel liegt.
- Peking war die erste Stadt, die mehr als 1 Million Einwohner hatte. Dies geschah im Jahr 1800.

- Die Nationalflagge des Vereinigten Königreichs ist der so genannte Union Jack. Er wurde durch die Kombination der Kreuze der Schutzheiligen gebildet: England – George, Schottland – Andrew und Irland – Patrick. Die Flagge wurde 1801 entworfen, nachdem das Bild des walisischen Drachens offiziell aufgegeben worden war.

- Ferdinand Magellan hat in seiner Karriere nie die Welt umrundet. Die Magellan-Expedition war die erste Weltumsegelung, aber Magellan selbst wurde auf den Philippinen von Eingeborenen getötet und konnte die Expedition nicht beenden.

- Der La Brea Pitch Lake in Trinidad ist sicherlich einer der bizarrsten Orte der Welt. Er besteht aus einer Mischung aus Wasser, Gasen und Bitumen und hat die Form einer halbflüssigen Emulsion. An der Oberfläche härtet dieses Gemisch aus und es bildet sich eine Asphaltkruste. Das natürliche Asphaltreservoir ist 106 Meter tief und hat eine Fläche von 46 ha. Der See ist wahrscheinlich durch ein Erdbeben entstanden.

- Der Tschad ist ein afrikanischer See, der einst riesig war, jetzt aber Gefahr läuft, völlig auszutrocknen. Zur Zeit seiner Entdeckung durch die westliche Zivilisation war er das viertgrößte afrikanische Binnengewässer, doch infolge des Klimawandels und menschlicher Aktivitäten ist der Wasserkörper von 25 000 km^2 im Jahr 1973 auf weniger als 2 000 km^2 geschrumpft.

- Es wäre möglich, im Winter von den USA nach Russland zu wandern – von der Ratmanow-Insel (Russland) nach Diomedes-Inseln (USA)

- Es gibt 11 Zeitzonen in Russland.

- In Venezuela tobt ein Sturm, der 140-160 Tage im Jahr anhält und Catatumbo genannt wird.

TIERWELT

- Der Blauwal ist eine der beeindruckendsten Meeresarten und hat ein Herz so groß wie ein Auto.
- Auf der Erde gibt es nur eine Vogelart, die rückwärts fliegen kann. Die Rede ist von Kolibris, den kleinsten auf der Erde lebenden Vögeln, die mit einer schwindelerregenden Geschwindigkeit von 115 km/h fliegen können.
- Die von der Lawine verschütteten Personen werden mit Vielfraßen gesucht, die bis zu sechs Meter unter der Erde nach Nahrung suchen.

- Der Koalabär kann weniger als 24 Stunden durchgehend schlafen, tagsüber sogar fast 20 Stunden.
- Unauffällige Lebewesen wie Insekten oder kleine Vögel nehmen die Welt in Zeitlupe wahr und nehmen dabei viel mehr Details auf als große Tiere oder Menschen.
- Nach dem Verlust eines Auges können Schnecken es neu produzieren.
- Zu den Tieren, die Selbstmord begehen, gehören Hunde, Stiere, Schafe oder Kühe.
- Ein Strauß hat ein größeres Auge als ein Gehirn.
- Der Mensch tötet 100 Millionen Haie pro Jahr. Zum Vergleich: Haie töten zwischen acht und 12 Menschen pro Jahr.
- Der Hapalochlaena-Krake ist eines der gefährlichsten Meerestiere der Welt, das einen Menschen mit einem einzigen Biss töten kann.
- Die häufigste Art, eine Katze zu identifizieren, ist ihre Nase, die so einzigartig ist wie die Fingerabdrücke auf den menschlichen Fingern.
- Der Oktopus ist in der Lage, seine Tentakel zu essen, wenn er einen starken Hunger verspürt.
- Die Kraft der Tigerbeine ist so groß, dass sie selbst beim Tod des Tieres seinen toten Körper aufrecht halten können.
- Die Superkraft der Flöhe ist ihre Fähigkeit, über das 200-fache ihrer Körpergröße zu springen.
- Obwohl Schmetterlinge zwei Augen mit Tausenden von Linsen haben, sehen sie nur wenige Farben - nur grün, gelb und rot.
- Elefanten können bis zu 16 Stunden am Tag nur mit Fressen verbringen. Das liegt daran, dass sie Pflanzenfresser sind und ihr Organismus zur Befriedigung des

Hungers große Mengen an Nahrung aufnehmen muss, und dass sie über ihren Geruchssinn Wasser aus einer Entfernung von bis zu drei Meilen finden können.

- Die Knie von Flamingos beugen sich beispielsweise nicht in die entgegengesetzte Richtung wie die des Menschen. Dies ist nur ein Eindruck. Tatsächlich befinden sich die Knie dieser Tiere direkt unterhalb des Gefieders, während das, was wir fälschlicherweise als Knie bezeichnen, eigentlich das Sprunggelenk ist.

- Orcas können pro Tag bis zu 227 kg an Fischen, Robben, Pinguinen, Tintenfischen oder Meeresschildkröten fressen.

- Die Zähne der Biber wachsen ständig, so dass die Tiere sie an verschiedenen Gegenständen reiben müssen.

- Ameisen haben keine Lungen und brauchen keinen Schlaf auf jeden Menschen auf der Welt kommen etwa eine Million dieser kleinen Lebewesen.

- Pferde können im Stehen schlafen. Verantwortlich dafür ist die Struktur ihrer Gliedmaßen. Die Vorderbeine des Pferdes blockieren in den Gelenken, da die Flüssigkeit in den Gelenkkapseln austrocknet. Dadurch wird verhindert, dass sich die Knie beugen, und in der Zwischenzeit können sich die in das Gliedmaßenskelett eingebetteten Muskeln ausruhen. Es sollte jedoch erwähnt werden, dass das Pferd in der Lage ist, das blockierte Gelenk sofort zu aktivieren.

- Die Tintenfische haben bis zu 3 Herzen.

- Es ist erwiesen, dass Kühe beim Klang klassischer Musik mehr Milch geben. Sanfte klassische Musik verbessert die Milchleistung von Kühen, da sie Stress abbaut. Diese Tiere haben ein sehr empfindliches Gehör, so dass Lärm von ihnen viel schlechter wahrgenommen wird als von Menschen. Sie sind in der Lage, wesentlich mehr hohe und tiefe Töne zu erfassen als menschliche Ohren.

- Der Papagei ist der einzige Vogel, der in der Lage ist, gleichzeitig die Ober- und Unterseite seines Schnabels zu bewegen. Es gibt einen Papagei auf der Welt, der die Fähigkeit zu fliegen nicht beherrscht. Es ist ein Kakapo.
- Wenn sie schlafen, halten sich Otter normalerweise gegenseitig an den Pfoten. Sie tun dies, damit sie nicht getrennt werden.
- Die Erklärung des weißbärtigen Pinguins besteht darin, seiner Auserwählten einen Kieselstein zu schenken. Ob das Weibchen das Geschenk annimmt, entscheidet darüber, ob sie Partner werden.
- Buckelwale geben ihren Paarungsgesang an die nächste Generation weiter.
- Schaben, die geköpft werden, können leben, und zwar nicht nur für kurze Zeit, sondern bis zu mehreren Wochen.
- Um ein halbes Kilo Honig zu gewinnen, müssen die Bienen Nektar von fast 2 Millionen Blüten gesammelt haben.
- Mehr als 98 % der menschlichen Gene entsprechen denen der Schimpansen.
- Nilpferdschweiß hat eine ölige Konsistenz und kann wie eine Feuchtigkeitscreme beim Sonnenbaden wirken.
- Der Frosch löst Probleme mit seinem Magen auf folgende Weise: Er spuckt alles aus seinem Körper aus, reinigt ihn dann und versteckt ihn wieder im Inneren.
- Ein Vogel, Blauhäher, kann zuverlässig den Ruf eines Falken imitieren. Er tut dies, wenn er andere Vögel verscheuchen will.
- Ameisenbären haben keine Zähne. Stattdessen hat die Natur sie mit ungewöhnlich langen Zungen ausgestattet (die längste war 90 cm lang).
- Australische Wombats produzieren würfelförmige Exkremente.
- Faultiere verlassen die Bäume nur einmal pro Woche, um ihren Kot abzusetzen.

- Ein erwachsenes Krokodil kann bis zu einem Jahr lang ohne Nahrung überleben. Ermöglicht wird dies durch einen langsamen Stoffwechsel und einen geringen Energiebedarf.
- Säugetiere, die wie Menschen in die Wechseljahre kommen, sind Elefanten und Buckelwale.
- Die kleinen Welpen lassen die Hündinnen gewinnen, wenn sie miteinander spielen, weil sie sie besser kennenlernen wollen.
- Clownfische werden als Zwitter geboren und können je nach Vorliebe auch das Geschlecht wechseln.
- Der Gepard ist das schnellste Landtier. Drei Sekunden reichen aus, um auf 96,6 km/h oder noch schneller zu beschleunigen.
- Es kann lange dauern, bis ein Wolf eine Partnerin findet. Die Motivation des Wolfes ist so groß, dass er in nur zwei Wochen 600 km zurücklegen kann.
- Otter haben eine spezielle "Tasche" in der Haut unter den Achseln, in der sie ihren Lieblingsstein tragen, den sie zum Öffnen von Muscheln verwenden.
- Ein Grizzlybär könnte mit seinem Maul eine Bowlingkugel zerquetschen. Zum Glück ernähren sie sich von Fischen.
- Katzen kommunizieren nicht untereinander durch Miauen, sondern nur mit dem Menschen.
- Präriehunde begrüßen sich mit einem Kuss.
- Eisbären formen vor dem Schlafengehen manchmal Kissen aus Schnee.
- Während des Fluges macht eine Biene 350 bis 435 Flügelbewegungen pro Sekunde, also 11 400 Mal pro Minute. Die durchschnittliche Flugweite der Bienen beträgt 3 km, die maximale Flugweite kann 10 km oder mehr betragen.

- Von Natur aus sind Flamingos weiß, ihre rosa Farbe erhalten sie durch die Nahrung.
- Die gehörnte Phrynosoma ist eine Eidechse mit einem einzigartigen Verteidigungssystem. Bei einer Bedrohung bläht sich die Eidechse bedrohlich auf, um ihr Volumen zu vergrößern und einen bedrohlichen Eindruck zu erwecken. Wenn sich diese Methode jedoch als unzuverlässig erweist, sprudelt das Reptil Blut aus den Poren in den Augenwinkeln.
- Schafe können Bauchschmerzen und Darmparasitenbefall selbst heilen. Indem sie ihre Ernährung umstellen und nach saponin- und gerbstoffhaltigen Pflanzen suchen, können sie unangenehme Beschwerden loswerden.
- Der größte Süßwasserfisch der Welt, der Riesenstechrochen, wurde im Mekong-Fluss im Nordosten Kambodschas gefangen, wie Wissenschaftler aus Südostasien und den Vereinigten Staaten berichten. Das am 13. Juni gefangene Tier war von der Schnauze bis zum Schwanz fast vier Meter lang und wog rund 300 Kilogramm.
- Kamele sind Tiere, die sehr gut mit dem Wasser in ihrem eigenen Körper umgehen können. Sie tolerieren einen Wasserverlust von bis zu 30 % ihres Körpergewichts.
- Schmetterlinge nehmen den Geschmack mit ihren Füßen wahr, genau wie wir Menschen mit unserem Mund.
- Bussarde spüren Adrenalin und helfen auf manchen Flughäfen, Terroristen zu enttarnen.
- Indonesien ist die Heimat der größten Eidechse der Welt, der Komodo-Varanus. Diese Reptilien kommen auf fünf der kleinen Sunda-Inseln vor und können sogar ein Tier jagen, das größer als ein Mensch ist.

- Einige Arten von Basilisken können auf der Flucht vor einem Raubtier weite Strecken durch das Wasser laufen, weshalb sie umgangssprachlich auch als Jesus-Christus-Eidechsen bezeichnet werden.
- Wahrscheinlich gibt es keine zwei identischen Tiger, denn die Streifen, die sowohl ihr Fell als auch ihre Haut zieren, sind bei jedem Individuum einzigartig.
- Obwohl Schmetterlinge zwei Augen mit Tausenden von Linsen haben, sehen sie nur wenige Farben – grün, gelb und rot.
- Eines der größten Raubtiere der Erde ist der Adler, dessen Flügelspannweite bis zu 2 m betragen kann.
- Wie Forscher in der Fachzeitschrift Communications Biology berichten, sind die Rufe wild lebender Schimpansen in satzartigen Sequenzen angeordnet.
- Mindestens 190 Jahre alt ist die Riesenschildkröte Jonathan, die als das älteste Tier der Welt gilt. Das Reptil lebt auf der Insel St. Helena und wurde ein Dutzend Jahre nach dem Tod des legendären Napoleon Bonaparte auf der Insel geboren.
- Hunde und Katzen haben eine dominante Pfote. Die Männchen sind in der Regel linksfüßig und die Weibchen rechtsfüßig.
- Ratten vermehren sich so schnell, dass ein Paar nach 18 Monaten eine Million Nachkommen haben kann.

VOR LANGER ZEIT

- Joseph Stalin war ein sowjetischer Politiker und Diktator, dessen Taten zum Tod von etwa 20 Millionen Menschen führten. Trotz seiner Grausamkeit und Unbarmherzigkeit wurde er in der Sowjetunion von vielen fast religiös verehrt, und bis heute betrachten ihn einige Russen als den einzig wahren "Führer der Nation".
- Im Jahr 1227 starb Dschingis Khan, der Begründer eines riesigen mongolischen Reiches, das bis nach Osteuropa reichte, während eines Feldzuges gegen die Tanguten. US-Genetiker behaupten, dass mindestens 15 Millionen der heute auf der Welt lebenden Männer von ihm abstammen.

- Leopold II. Coburg, König der Belgier von 1865 bis 1909, Besitzer des Kongo, wo er durch Sklavenarbeit und Mord den Tod von mindestens mehreren Millionen Menschen in diesem Land verursachte.
- Augustus wurde am 1. Januar 10 v. Chr. geboren. Welchen Geburtstag feierte er am 1. Januar 10 nach Christus? Neunzehnte. Es gab kein Jahr Null - nach 1 v. Chr. erfolgte unmittelbar 1 n. Chr. Daher können die Jahreszahlen verschiedener Epochen nicht einfach subtrahiert werden, als wären sie ganze Zahlen.
- Was waren die alten Rituale der Inkas? Nach neuen Forschungsergebnissen, die im Journal of Archaeological Science veröffentlicht wurden, wurden Inka-Kinder, die für Capacocha, ein rituelles Opfer zur Wiedererlangung der Gunst der Geister, ausgewählt wurden, mehrere Wochen lang unter Drogen gesetzt, um sie im Angesicht des sicheren Todes ruhig zu halten. Die Zeremonie selbst war grausam. Die Opfer wurden auf verschiedene Weise dargebracht: durch Strangulation, durch Schläge auf den Kopf oder durch lebendiges Begraben. Manchmal wurden Kinder auch so positioniert, dass sie vom Blitz getroffen wurden.
- Eine der aufwändigsten Foltermethoden des Mittelalters war der Spanische Stuhl. Ein Zeitvertreib der spanischen Inquisition, die es liebte, Ketzer auf diese Weise zu bestrafen. Der Gotteslästerer wurde nackt auf eine V-förmige Holzkonstruktion mit Metallspitzen an der Spitze gesetzt. An den Füßen wurden Gewichte befestigt, sodass die Verurteilten unter dem Gewicht buchstäblich auf die Spikes stießen. Nach einiger Zeit wurde der Torso seziert.
- Vom Mittelalter bis zum 18. Jahrhundert wurden in Europa Selbstmörder hingerichtet. Ihre Leichen wurden an den Galgen gehängt, verbrannt oder sogar in Fässern in Flüsse geworfen.
- Gladiatoren waren früher Berühmtheiten in der Unterschicht und sehr beliebt bei Frauen, die manchmal den Schweiß dieser Krieger in ihre Kosmetik mischten. Dazu wurde mit einer Metallklinge, dem so genannten Strigil, Schmutz von der

Haut des Kriegers abgeschabt und dann in Fläschchen aufbewahrt, die außerhalb der Gladiatorenarenen verkauft wurden.

- Diese Geschichte stammt nicht aus den Chroniken des Mittelalters. Am 21. August 1811 wurde Barbara Zdunk, die als Hexe galt, in Reszel auf dem Scheiterhaufen verbrannt. Es war der letzte Prozess dieser Art in der modernen europäischen Geschichte. Niemals zuvor wurde auf unserem Kontinent die Todesstrafe auf diese Weise vollstreckt.

- Die Lebenserwartung im Mittelalter betrug nur 33 Jahre. Das bedeutet nicht, dass alle in diesem Alter gestorben sind. Die höchste Sterblichkeitsrate gab es bei Säuglingen und Kleinkindern, aber wer es schaffte, ein reiferes Alter zu erreichen, konnte sein Leben mindestens bis zum 40. bis 50. Geburtstag genießen, und wer wohlhabender war, sich besser ernährte und bessere Lebensbedingungen hatte, konnte bis zu zwei Jahrzehnte länger leben.

- Im Mittelalter fanden Tierprozesse statt, die manchmal mit dem Todesurteil für das angeklagte Tier endeten. Tiere, die im Verdacht standen, gegen das Gesetz zu verstoßen, wurden genauso behandelt wie Menschen und unterlagen denselben Verfahren. Mindestens 85 Tierversuche aus dieser Zeit sind dokumentiert.

- Die Gabel kam in der Mitte des 10. Jahrhunderts aus Byzanz nach Europa. Die Historiker sind sich nicht einig, ob dies auf Theophano, die spätere Kaiserin und Ehefrau Ottos II., oder auf Maria Argyropulina oder vielleicht auf eine andere Person zurückzuführen ist. Auf jeden Fall wurde die Verwendung einer Gabel anfangs als bizarr angesehen.

- Das griechische Wort "idiotis", von dem sich das englische "idiot" ableitet, bezeichnete in der Antike eine Person, die sich nicht mit Politik befasste.

- Die zusammengezogenen Augenbrauen waren im alten Rom ein Zeichen für Schönheit und Klugheit. Wenn eine Frau keine zusammengewachsenen Augenbrauen hatte, schminkte sie oft so, dass sie zusammenwuchsen.

- Die Menschen gingen nackt in die Turnhallen (der Ort, an dem sie trainierten). Daher auch das Wort Gymnasium. Gimnos bedeutet auf Griechisch "nackt".

- Nach den großen Pest- und Choleraepidemien wurde die Menschheit vom Influenzavirus heimgesucht. Die Grippepandemie von 1918-1919 ging unter dem Namen "Spanische Grippe" in die Geschichte ein, da man fälschlicherweise annahm, dass sie von der Iberischen Halbinsel ausging. Das H1N1-Virus war ein extrem tödlicher Grippestamm, da es sich um ein zoonotisches Virus handelte, das durch Geflügel (oder Schweine) mutierte. Die Ausbreitung der Krankheit wurde durch die Heimkehr der Truppen nach dem Ersten Weltkrieg und die schlechten hygienischen Bedingungen begünstigt. Bis zu 500 Millionen Menschen, d. h. etwa 25 % der Gesamtbevölkerung, waren infiziert, und die Zahl der Opfer überstieg die Zahl der Gefallenen an den Fronten des Ersten Weltkriegs. Vor allem aber war es nicht die Grippe, die tödlich verlief, sondern ihre Komplikationen, insbesondere die bakterielle Lungenentzündung. Schätzungen gehen davon aus, dass die Epidemie zwischen 30 und 50 Millionen Menschen getötet hat.

- Brettspiele oder Spielzeug wurden wahrscheinlich nur erfunden, damit Kinder die Erwachsenen nicht ärgern. Das älteste Brettspiel der Welt soll ein Spiel sein, das in den Königsgräbern von Ur ausgegraben wurde und aus der Zeit um 2600 v. Chr. stammt.

- Der mexikanische Präsident Pedro Paredes war der Präsident mit der kürzesten Amtszeit in der Weltgeschichte. Am 19. Februar 1913 übernahm er nämlich das Amt und legte es nach nur etwa einer Stunde wieder nieder.

  Den Quellen zufolge dauerte seine Präsidentschaft zwischen 15 und 55 Minuten.

- Der in den europäischen Sprachen verbreitete Begriff "blaues Blut" wurde im neunten Jahrhundert in Spanien erfunden, um adelige Menschen von den Mauren und der Plebs zu unterscheiden. Es war nicht die unterschiedliche Farbe des Blutes, sondern die Adern, die durch die blasse Haut schimmerten.

- In Russland gab es während der Herrschaft von Peter I. dem Großen eine Bartsteuer, die jeder mit Gesichtsbehaarung zu entrichten hatte. Die Steuern reichten von 2 Kopeken bis hin zu 900 Rubel für wohlhabende Kaufleute!

- Samsung wurde 1938 als Geschäft gegründet, in dem unter anderem Trockenfisch, Alkohol, Nudeln, Obst und Gemüse verkauft wurden. Der Besitzer erwies sich als guter Geschäftsmann und exportierte erfolgreich Waren hauptsächlich in die Mandschurei und nach Peking. Nach dem Krieg wurde das Unternehmen vom Staat unterstützt, und so kam es zu einem enormen Wachstum von Samsung.

- Graça Machel ist die einzige Frau der Welt, die zweimal First Lady an der Seite von zwei verschiedenen Präsidenten war, noch dazu in zwei verschiedenen Ländern. Als Ehefrau von Samora Machel war sie von 1975 bis 1986 First Lady von Mosambik. Trotz des Todes ihres Mannes setzte sie ihr politisches Engagement fort. Im Jahr 1989 heiratete sie Nelson Mandela und war damit ein Jahr lang auch First Lady von Südafrika.

- Adolf Hitler hatte eine ganze Reihe treuer weiblicher Fans, die bei seinem Anblick verrückt wurden. Frauen aus ganz Deutschland schickten ihm Tausende von Briefen. Insgesamt erhielt er mehr Fanpost als Mick Jagger und alle Beatles zusammen.

- Escobar verglich sich gerne mit anderen legendären Banditen.

- Er kaufte einmal ein von Kugeln zerfetztes Auto aus den 1930er Jahren, das angeblich Bonnie und Clyde gehörte. Manchmal verkleidete er sich als sein Held, der mexikanische Revolutionär Pancho Villa.

- Während des Kalten Krieges planten die Amerikaner einen Angriff auf den Mond, um ihre militärische Macht zu demonstrieren.

- Der kürzeste Krieg fand im Jahr 1896 zwischen England und Sansibar statt. Die sansibarischen Truppen kapitulierten nach 38 Minuten.

- Man schätzt, dass in allen Kriegen der Welt bis heute zwischen 315 und 755 Millionen Menschen ums Leben gekommen sind.
- Der Krieg um die Vereinigung von Ober- und Unterägypten (3100 v. Chr.) gilt als der erste Krieg der Geschichte.
- Die Koalitionskriege (1799-1815) forderten zwischen 3,5 und 7 Millionen Menschenleben.
- Der An-Lushan-Aufstand (755-763) in China forderte zwischen 13 und 36 Millionen Menschenleben. Fast 1/6 der Gesamtbevölkerung der Welt.
- Der Erste Weltkrieg (1939-1945) kostete zwischen 50 und 78 Millionen Menschen das Leben, darunter etwa 30 Millionen Zivilisten.
- Die Kosten des Ersten Weltkriegs wurden seinerzeit auf 187 Milliarden Dollar geschätzt. Vergleicht man dies mit dem aktuellen Wert des Dollars, so müsste dieser Betrag mit 10 multipliziert werden.
- Von Christi Geburt bis heute haben 136 große Kriege stattgefunden.
- Zwischen 1400 und 1600 gab es 15 Kriege, zwischen 1600 und 1800 gab es 35 Kriege und zwischen 1800 und 2000 gab es 57 Kriege.
- Simo Häyhä, auch bekannt als "Weißer Tod" (1905-2002) - finnischer Scharfschütze, der effektivste Scharfschütze in der Geschichte der Kriege. Während des Winterkriegs (1939-1940) tötete er unter extremen Bedingungen (Temperaturen von -20 bis -40 °C) in weißer Schutzkleidung 505 Rotarmisten mit einem Scharfschützengewehr. Er benutzte auch Pistolen, mit denen er mehr als 200 weitere Gegner tötete, so dass er insgesamt mehr als 705 tödliche Treffer erzielte.
- Das Parfüm der Kleopatra. Wie roch die letzte Königin des alten Ägyptens? Die Frau, die Julius Cäsar und Marcus Antonius verführte, soll durch ihren Intellekt, ihren Charakter und ihre Schönheit geglänzt haben. War ihr Duft auch

verführerisch? Wissenschaftler behaupten, dass es ihnen gelungen ist, den Duft des Parfüms, das die Herrscherin benutzte, annähernd nachzuahmen. Es sei eine berauschende, aber angenehme Mischung aus Schärfe und Süße.

OKTOBERFEST

- Das Oktoberfest ist das größte Volksfest der Welt und findet jährlich in München, Bayern, Deutschland statt.Es handelt sich um ein 16- bis 18-tägiges Folklorefestival, das von Mitte oder Ende September bis zum ersten Sonntag im Oktober stattfindet.
- Feste, die in Bayern zum Ende der Brausaison stattfanden, waren keine Seltenheit.
- Die Brausaison in Bayern begann nach dem Bayerischen Reinheitsgebot von 1516 am 29. September und dauerte bis zum 23. April. Es wurde daher beschlossen, dass der beste Zeitpunkt für die Feier des Saisonendes (Hopfenerntefest) Ende September/Anfang Oktober sein würde. Zu den Feierlichkeiten gehörte auch das Trinken von gebrautem Bier.
- Das Münchner Oktoberfest wird traditionell seit mehr als 200 Jahren gefeiert.

- Im Jahr 1810 fand die Hochzeit des bayerischen Prinzen Ludwig, des späteren Königs von Bayern, mit seiner Auserwählten, Therese von Sachsen-Hildburghausen, statt. Anlässlich dieser Hochzeit wurde am 12. Oktober 1810 auf den Wiesen vor der Stadtmauer - dem Sendlinger Berg (heute Theresienhöhe) - ein Pferderennen veranstaltet. Es handelte sich um ein riesiges Areal, das rund 40.000 Zuschauern Platz bot. Die Wiese war nicht bebaut, nur das Zelt des Königs war dort. Die auf der Wiese versammelten Zuschauer wurden mit Bier bewirtet. Vor dem Start des Rennens fand zu Ehren des Brautpaares und der königlichen Familie eine Aufführung statt, an der 16 Kinderpaare in den Trachten von neun bayerischen Städten und anderen Regionen, die zum Wittelsbacher Familienbesitz gehören, teilnahmen. Vor dem Start des Rennens trat ein Kinderchor auf.

- Dreißig Pferde nahmen an dem Pferderennen auf einer 3270 m langen Strecke teil.

- Prinz Louis war von der Antike begeistert, und so wurde der Wettbewerb im Stil der antiken Olympischen Spiele abgehalten. Der Sieger des Rennens erhielt eine Goldmedaille.

- Die zunächst rein sportliche Veranstaltung erfreute sich bei den Münchnern großer Beliebtheit. Angesichts dieser Tatsache beschloss der königliche Hof, das Rennen im nächsten und übernächsten Jahr zu wiederholen, und so wurde die Tradition des Münchner Oktoberfestes geboren. Sie fand regelmäßig statt und wurde nur aufgrund von Kriegen oder Seuchen abgesagt. Das Fest wurde erstmals 1813 aufgegeben, als Bayern in die Koalitionskriege verwickelt war. Ein weiterer Traditionsbruch erfolgte durch die Choleraepidemien von 1854 (damals starben 3.000 Münchner, darunter auch die Frau der Königin, an der Cholera) und 1873 sowie 1866 durch den Sieben-Wochen-Krieg (Preußisch-Österreichischer Krieg) und 1870 durch den Deutsch-Französischen Krieg. Auch das Oktoberfest 2020-2021 fand nicht statt, dieses Mal wegen der COVID-19-Pandemie.

- Bis 1871 fand das Oktoberfest im Oktober statt. Ab 1872 wurde der Beginn des Erntedankfestes in den September verlegt. Rund 5 Millionen Liter Bier, die in traditionellen Maßkrügen verkauft werden, werden während dieses Festes getrunken.

- Im Laufe der Jahre wurde das Festival mit neuen Attraktionen bereichert.
- Die Rennbahn wurde um Kletterbäume, Bowlingbahnen und Schaukeln erweitert. Das erste Karussell wurde im Jahr 1818 gebaut. Es wurden verschiedene Verlosungen organisiert, deren attraktive Preise aus Porzellan, Silber und Schmuck vor allem die Armen der Stadt anzogen. Im Jahr 1819 wurde die Leitung der Feierlichkeiten von der Stadt München (heute Referat für Arbeit und Wirtschaft) übernommen.
- Seit 1850 thront eine fast 20 Meter hohe Statue der Bavaria über der Festwiese.
- Bavaria ist der lateinische Name für eine monumentale Statue aus dem 19. Jahrhundert in München. Sie ist die weibliche Verkörperung der bayerischen Heimat. In der linken Hand hält sie einen Lorbeerkranz als Symbol für Ruhm und auf dem Kopf trägt sie einen Helm als Symbol für Stärke. Die Statue wurde von Ludwig I., dem Herrscher von Bayern, in Auftrag gegeben. Er ist inspiriert vom Koloss von Rhodos und der Zeusstatue von Olympia.
- Am zweiten Sonntag des Festivals versammeln sich Künstler aus verschiedenen Zelten auf den Stufen vor der Bavaria-Statue, um gemeinsam aufzutreten. Am letzten Sonntag des Bierfestes findet außerdem ein Mörserschießen unter der Statue statt. Laute Schüsse sind das Signal, dass das Festival zu Ende geht.
- 1853 wurde die Ruhmeshalle, eine dreiflügelige Säulenhalle, am Fuße der Bavaria errichtet. Zusammen mit der Bavaria-Statue bildet sie eine gemeinsame bauliche Einheit. Es zeigt Büsten bedeutender bayerischer Persönlichkeiten. Ursprünglich waren es 74, und 1868 kamen 10 neue hinzu. Anlässlich des 100. Geburtstags von Ludwig I. wurde 1888 eine Büste des Königs selbst in der Mitte der zentralen Wand der Ruhmeshalle aufgestellt, einschließlich einer Tafel mit der Inschrift: KÖNIG LUDWIG FEIERT SEINEN 100. GEBURTSTAG, DANKE MONACHIUM.

- Ab 1850 wurde ein wichtiges jährliches Großereignis des Oktoberfestes der Festumzug, der nach dem Vorbild des Festumzugs zu Ehren von Ludwig von Bayern und seiner Frau Theresia organisiert wurde. Achttausend Menschen, vor allem aus Bayern, ziehen in Tracht von der Maximilianstraße durch die Münchner Innenstadt zum Oktoberfestgelände. An der Spitze des Marsches steht das Münchner Kindl, was im bayerischen Dialekt "Münchner Kind" bedeutet - der Name des Symbols im Wappen der Stadt München. Das Münchner Wappen in Form eines Mädchens im schwarzen Franziskanerhabit mit einem Krug in der Hand führt zusammen mit dem Oberbürgermeister der Stadt einen Festzug an, der aus Wirten, geschmückten Brauereiwagen und Musikkapellen besteht.

- Im Jahr 1880 beleuchteten elektrische Lichter mehr als 400 Stände und Zelte auf dem Festgelände. Die Stadtverwaltung genehmigte auch den Verkauf von Bier, und 1888 wurde dort das erste große Zelt aufgestellt. Es wurde immer mehr Personal eingestellt, um die Besucher zu bedienen, und auch eine Blaskapelle in Oberländer Tracht wurde engagiert. Große Bierstuben und Hähnchenbratereien (die erste 1881) entstanden. Die Beleuchtung des Außenbereichs umfasste 16-Bogen-Lampen, die damals als Sensation galten.

- 892 wurde der erste elektrisch betriebene Vergnügungspark eröffnet.

- Die ersten elektrisch beleuchteten Festzelte erschienen dort 1901.

- Im Jahr 1895 fand als Höhepunkt des dreitägigen "Festes der historischen und bayerischen Trachten" ein Festumzug statt. Zu diesem Zweck wurden in allen bayerischen Gemeinden Muster von Trachten und einzelnen historischen Gewändern gesammelt und Trachten für die Teilnehmer des Festzuges genäht. Diese Trachten sind heute das Vorbild für die nachfolgenden Umzüge, die am ersten Sonntag des Oktoberfestes stattfinden. Es ist der größte Trachtenumzug der Welt. Rund 9.000 Teilnehmer aus Bayern und ganz Europa sind dabei. Der farbenfrohe Umzug ist 7 km lang.

- Als das Oktoberfest im Jahr 1910 sein 100-jähriges Bestehen feierte, wurden 12.000 Hektoliter Bier in Krüge abgefüllt. Das damals größte Bierzelt bot Platz für 12.000 Gäste. Heute ist die Hofbräu-Festhalle mit 10.000 Plätzen das größte Bierzelt auf dem Oktoberfest.

- Aufgrund des Ersten Weltkriegs wurde das Oktoberfest zwischen 1914 und 1918 teilweise ausgesetzt. Zwei Jahre nach dem Krieg wurde das Fest durch das sogenannte "Kleine Herbstfest" ersetzt. In den Jahren 1923 und 24 wurde das Oktoberfest wegen der Hyperinflation abgesagt.

- Während der Zeit des Nationalsozialismus wurde das Oktoberfest als Teil der nationalsozialistischen Propaganda genutzt. Juden war es verboten, an der Organisation des Festes mitzuwirken. Zum 125. Jahrestag des Festes wurde 1935 ein großer, von den Nazis geführter Jubiläumsumzug veranstaltet, und als Hitler 1938 Österreich annektierte, wurde das Oktoberfest in "Großes Deutsches Volksfest" umbenannt. In der Nachkriegszeit wurde nur noch das "Herbstfest" veranstaltet, und das erste Oktoberfest nach dem Krieg fand im September 1949 statt.

- 1950 eröffnete der Münchner Oberbürgermeister Thomas Wimmer das Oktoberfest zum ersten Mal auf traditionelle Weise, nämlich durch den Anstich des Fasses, d.h. durch das Aufdrehen des Zapfhahns. Jedes Jahr warten die Festivalbesucher gespannt darauf, wie viele Schläge es braucht, um das Bier in Wallung zu bringen. Thomas Wimmer benötigte bis zu neunzehn davon. Einigen Bürgermeistern gelingt dies heute mit zwei Schlägen. Der erste Bierkrug wird traditionell dem bayerischen Ministerpräsidenten mit den Worten überreicht: "O'zapft is!", was so viel heißt wie "abgehauen".

- In den folgenden Jahren entwickelte sich das Oktoberfest zum größten Volksfest der Welt.

- Mit Ausnahme der 150-Jahr-Feier im Jahr 1960 und der 200-Jahr-Feier im Jahr 2010 wurden nach dem Krieg keine Pferderennen mehr veranstaltet.

- Am Abend des 26. September 1980 explodierte eine Bombe am Haupteingang des Festivalgeländes. Dreizehn Menschen wurden getötet und mehr als 200 verletzt. Der Anschlag gilt als einer der schlimmsten Terroranschläge in der deutschen Geschichte.

- Ab dem 31. August 2021 ist der Begriff "Oktoberfest" als Marke durch das Amt der Europäischen Union für geistiges Eigentum (EUIPO) geschützt.

- Traditionelle Bierkrüge waren aus Keramik, werden aber heute aus Glas hergestellt. Es ist bekannt, dass die Kellnerinnen auf dem Oktoberfest bis zu zehn Maßkrüge auf einmal tragen. Das Gewicht eines solchen 10-Pint-Sets inklusive Bier beträgt fast 12 kg! Oktoberfestkrüge sind sehr beliebte Souvenirs, die an zahlreichen Ständen verkauft werden.

- .in Deutschland werden mehr als 5.000 Biersorten in über 1.300 Brauereien hergestellt.

- Der statistische Deutsche trinkt mehr als 140 Liter Bier pro Jahr.

- Der statistische Deutsche trinkt mehr als 140 Liter Bier pro Jahr.

- Dieser Typ sollte den Titel "Oberkellner" auf dem Oktoberfest bekommen und auf jeden Fall seinen Job in einer Bar behalten. Oliver Struempfel brach einen Rekord, indem er 25 Bier über 40 m trug.

ERSTAUNLICHE ENTDECKUNGEN

- Das älteste auf der Erde gefundene Material ist älter als das Sonnensystem.
- Vasco Da Gama (1469 - 1524) Vasco Da Gama war ein portugiesischer Entdecker, der als erster Europäer Indien auf dem Seeweg erreichte.
- Neil Armstrong (1930-2012). Der erste Mondspaziergang. Im Jahr 1969 hörte die ganze Welt diese Worte: "Dies ist ein kleiner Schritt für den Menschen, ein riesiger Schritt für die Menschheit".

- Das 170-120 v. Chr. von dem griechischen Astronomen Hipparchos von Nicäa erstellte Verzeichnis der Himmelskörper ist der älteste bekannte Versuch, die genaue Position von Fixsternen durch die Zuweisung numerischer Koordinaten zu bestimmen. Seine Fragmente wurden mit der Methode der multispektralen Bildgebung entdeckt.

- Wissenschaftlern ist es gelungen, eine kanaanäische Inschrift auf einem antiken Kamm zu entziffern. Sie verkündet: "Möge dieser Knochen helfen, dein Haar und deinen Bart von Läusen zu befreien". Die Inschrift, die vor etwa 3.700 Jahren eingemeißelt wurde, ist einzigartig, da sie aus einem vollständigen Satz besteht; bisher wurden Denkmäler gefunden, die Inschriften mit nur zwei bis drei Wörtern in dieser Sprache enthielten.

- Im Jahr 2012 wurden mithilfe von Sonargeräten mysteriöse Pyramiden im Zentrum des Bermudadreiecks entdeckt. Einige erkennen, dass es sich um Bauwerke alter, unbekannter und fortgeschrittener Zivilisationen handelt.

- Der Stein von Rosette. Im Jahr 1799 marschierte die französische Armee in Ägypten ein. Es handelte sich um eine militärische Invasion, aber Napoleon hatte mehr als nur den Erwerb von Land im Sinn. Eine der größten Entdeckungen in der Geschichte der Ägyptologie wurde während dieser Expedition gemacht. Als die Soldaten die Stadt Rosetta erreichten, begannen sie mit dem Bau einer Festung. Bei ihren Ausgrabungen stießen sie auf einen Stein, den sie zur Verstärkung des Gebäudes verwenden wollten, doch einer der Wissenschaftler entdeckte darauf geheimnisvolle Inschriften in verschiedenen Sprachen. Die Entdeckung war bahnbrechend für das Lesen der ägyptischen Hieroglyphen und befindet sich heute in der Sammlung des British Museum in London.

- Derzeit gelten die 7.000 Jahre alten Mumien der Chinchorro-Kultur aus Südamerika als die ältesten. Im Gegensatz dazu sind die ältesten Beweise für eine absichtliche Mumifizierung in Ägypten - der berühmtesten Mumienregion der Welt - etwa 5 500 Jahre alt.

- Türkische unterirdische Stadt. Im Jahr 1963 beschloss ein türkischer Mann, sein Haus zu renovieren. Nachdem er eine Wand eingerissen hatte, fand er auf der anderen Seite einen seltsamen Raum. Von der Entdeckung etwas erschreckt, setzte er die Renovierungsarbeiten fort und entdeckte einen unterirdischen Tunnel, der zu einer 85 m tiefen Stadt führte. Dies war Derinkuyu, eine antike Stadt, die zwischen dem 12. und 15. Jahrhundert v. Chr. erbaut wurde. Der Komplex wurde unter anderem von den Hethitern genutzt, die sich dort vor eindringenden Feinden versteckten. Heute ist der gesamte Höhlenkomplex für Touristen zugänglich, die diesen bemerkenswerten Ort besichtigen können.

- Schriftrollen vom Toten Meer. Im Jahr 1947 machte sich eine Gruppe von Beduinenhirten auf die Suche nach verlorenen Ziegen. Sie suchten unter anderem in von der Menschheit vergessenen Höhlen. Darin stießen sie unerwartet auf Gefäße, die mit alten Manuskripten gefüllt waren. Sie hatten keine Ahnung von der Bedeutung des Fundes und verkauften alles umsonst an einen Händler in der Stadt. Die Manuskripte entpuppten sich als die Schriftrollen vom Toten Meer (auch Qumran-Manuskripte genannt), die Fragmente des Alten Testaments enthalten. Als der Fund bekannt wurde und die glücklichen Finder seine Bedeutung erkannten, beschlossen sie, den Beruf zu wechseln und sich als Archäologen zu betätigen. Die Manuskripte vom Toten Meer sind eine der größten archäologischen Entdeckungen aller Zeiten.

- Terrakotta-Armee. Im Jahr 1974 grub ein chinesischer Bauer in seinem Garten einen Brunnen. Nach zwei Tagen stieß er auf etwas Hartes. Er dachte zunächst, es sei ein Keramikkrug. Der Mann beschloss, ihn hinauszuwerfen. Bei seiner Arbeit stellte er jedoch fest, dass es sich nur um ein Fragment eines größeren Ganzen handelte, und entdeckte nach einigen Tagen des Grabens die gesamte Soldatenfigur. Er brachte seine Entdeckung in ein nahe gelegenes Museum, wo Experten entschieden, dass es sich um einen legendären Soldaten der Terrakotta-Armee handelte. Der Landwirt erhielt 5.000 Yuan für die Nutzung seines Landes und wurde vom Museum angestellt, um Autogramme zu verteilen.

- Am 3. November 1906 stellte der deutsche Psychiater und Neuropathologe Alois Alzheimer auf einer Tagung der Südwestdeutschen Gesellschaft für Neuropsychiatrie in Tübingen den Fall einer bis dahin unbekannten Erkrankung der Großhirnrinde vor, die seit 1967 Morbus Alzheimer heißt.
- Dass unser Planet nicht immer so aussah wie heute, beweist eine Entdeckung vor der Küste der Antarktis, wo Fossilien eines Waldes gefunden wurden, der dort vor 90 Millionen Jahren, also im Zeitalter der Dinosaurier, wuchs.
- Im Jahr 2020 gelang es Paläontologen, die Überreste eines 66 Millionen Jahre alten Vogels zu finden. Das bedeutet, dass es sich um den ältesten bekannten Vertreter dieser Art handelt. Die Wissenschaftler hoffen, dass die sorgfältige Analyse der Überreste des Tieres dazu beitragen wird, die Evolution der Vögel zu erklären und die Frage zu beantworten, wie sie das Ereignis überleben konnten, das das Aussterben der Dinosaurier verursachte.
- Ein Team von australischen Wissenschaftlern, die das Great Barrier Reef erforschen, ist dort auf eine wirklich beeindruckende Korallenformation gestoßen, die 498 m hoch ist! Dies ist die erste derartige Entdeckung seit mehr als 120 Jahren. Die riesige Formation ist ein wahres Zentrum des aquatischen Lebens und bietet einen Lebensraum für Meeresschildkröten, Haie und andere Lebewesen.
- Die Wissenschaftler hatten dies nicht erwartet. Unter dem antarktischen Eisschild ist ein 460 km langer Fluss entdeckt worden. Der Fluss fließt unter der Oberfläche des Inlandeises im westlichen Teil der Antarktis. Wissenschaftler sagen, dass seine Anwesenheit das Abschmelzen der Eiskappen beschleunigt.
- Ein Team von Tauchern hat auf den Malediven ein bisher unbekanntes neues Ökosystem entdeckt. Es befindet sich 500 Meter unter der Oberfläche des Indischen Ozeans, wo sich große Fische versammeln, um das sogenannte Mikronekton zu fressen.

- In der antiken Stadt Philippi wurde eine Herkules-Statue aus der Zeit vor fast 2.000 Jahren gefunden. Die Herkules-Statue wurde unter einer der Hauptstraßen der antiken Stadt ausgegraben. Archäologen glauben, dass es einst eines der Gebäude aus der byzantinischen Zeit schmückte.

- Australische Wissenschaftler haben kürzlich eine weitere bemerkenswerte Entdeckung gemacht. Sie förderten das Fossil eines gepanzerten Fisches aus der Zeit vor 380 Millionen Jahren zutage, das ein mineralisiertes Herz enthielt.

- Bei der Renovierung eines Hauses wurde ein Schatz im Wert von fast eineinhalb Millionen Pfund gefunden. Es ist möglicherweise der größte Schatz aus dem 17. und 18. Jahrhundert, der im Vereinigten Königreich gefunden wurde. Unter dem Boden eines englischen Hauses fanden die Bewohner mehr als 260 Goldmünzen im Wert von fast 350.000 EUR.

- Sensationelle Entdeckung der Wissenschaftler. Forscher analysierten 37 Anhänger, die aus dem nordöstlichen, mesolithischen Europa stammten. Es stellte sich heraus, dass 12 von ihnen aus menschlichen Knochen hergestellt wurden....

- Auf dem Grund des philippinischen Meeres wurde ein Schiff aus dem Zweiten Weltkrieg gefunden. Noch nie wurde ein Wrack so tief entdeckt. Das Wrack des Geleitzerstörers USS Samuel B. Roberts (DE-413), auch bekannt als Sammy B, wurde vor der Küste der Philippinen gefunden. Sie war in zwei Teile gegliedert. Die Taucher, die für den Fund verantwortlich sind, sagen, sie hätten ihn in einer Tiefe von fast sieben Kilometern entdeckt.

- Schädel wurden in Nordamerika schon vor mindestens 3.000 Jahren operiert. Was wissen wir über den ältesten Patienten? Die Testperson war ein Mann mit einem Loch in der Stirn. Die Verstorbenen wurden vor 3.000 bis 5.000 Jahren im heutigen Alabama begraben. Er ist der älteste bekannte nordamerikanische Patient, der sich einer Schädeloperation unterzogen hat.

- Am 29. August 1831 teilte Michael Faraday der Welt die Entdeckung des Phänomens der elektromagnetischen Induktion mit. Die Bedeutung dieses Ereignisses ist darin zu sehen, dass es die Entwicklung der Technologie der Elektrizität ermöglichte, sowohl in der Physik als auch in der Technik, und dass es den Bau der ersten elektrischen Generatoren und Motoren ermöglichte.
- Die zunehmende Trockenheit in Spanien hat dazu geführt, dass ein megalithisches Monument im Westen des Landes vollständig enthüllt wurde. Der Fund wird umgangssprachlich als "spanisches Stonehenge" bezeichnet, da er dem gleichnamigen antiken Bauwerk in England ähnelt.

GAME CHANGER

□ Das Rad ist eine der wichtigsten Erfindungen in der Geschichte der Menschheit. Es hat die Grundlagen für den Verkehr, das Bauwesen, die Wissenschaft und viele andere Bereiche gelegt. Das Rad kann getrost als das Fundament der modernen Technik bezeichnet werden. Der Zeitpunkt ihrer Erfindung fällt in die Zeit der neolithischen Revolution, die als Ende der Vorgeschichte und Beginn einer neuen Ära gilt. Die älteste Darstellung eines Rades befindet sich vermutlich auf der sogenannten Bronocice-Vase, die in Polen an der Stelle einer großen neolithischen Siedlung in Bronocice nad Nidzica, Świętokrzyskie Voivodeship, gefunden wurde. Das Alter der Vase wird auf 3635-3370 v. Chr. geschätzt.

- Die Gebrüder Lumiere, die den Kinematographen erfanden, ließen sich von dem Fuß einer Nähmaschine inspirieren, um einen Mechanismus zu entwickeln, der es ermöglichte, die Bilder, die vor dem Betrachter erschienen, fließend zu verändern.
- Thomas Edison, der Erfinder der Glühbirne, war dafür bekannt, dass er fertige Ideen von seinen Konkurrenten stahl und sie dann selbst patentierte. Mit dieser Aktion hat er sich den Hass vieler Menschen zugezogen.
- Mitte des 15. Jahrhunderts erfand ein deutscher Goldschmied, Jan Guttenberg, das erste industrielle Druckverfahren. Seine Entdeckung sollte das Gesicht der Welt für viele Jahrhunderte verändern und die große Entwicklung des Buchdrucks beeinflussen.
- In der zweiten Hälfte des 19. Jahrhunderts meldete Alexander Graham Bell beim Patentamt das erste Telefon an. Interessanterweise folgte ihm bald ein anderer Erfinder mit einer sehr ähnlichen Idee. Dies beweist, dass mehrere Personen gleichzeitig an der Entwicklung des Telefons gearbeitet haben.
- Die kugelsichere Weste ist eine Erfindung, die die ganze Welt den Polen verdankt. Der Prototyp wurde von Jan Szczepanik und Kazimierz Żegleń zu Beginn des 20. Jahrhunderts entwickelt.
- Henry Ford entwickelte ein Auto aus Hanf und Soja, das mit Biokraftstoff betrieben wurde. Der Erfinder kam auf diese Lösung während des Zweiten Weltkriegs, als aufgrund des begrenzten Zugangs zu Stahl oder anderen Metallen nach Alternativen gesucht wurde. Schließlich wurde die Produktion des Wagens aufgegeben.
- 1931 entwarf Ferdinand Porsche sein erstes Auto, und zwar ein Elektroauto.
- Der schottische Bakteriologe und Arzt Alexander Fleming erfand das Penicillin ganz zufällig. Während des Experiments ahnte er nicht, dass er bald das Gesicht der modernen Medizin verändern würde.

- Schießpulver und Feuerwaffen gelten heute als die wichtigsten Erfindungen des Mittelalters. Sie waren es, die das Gesicht des Krieges für immer verändert haben, aber auch viele andere Bereiche des Lebens.
- Es ist unmöglich, zu beurteilen, wann das Feuer zum ersten Mal verwendet wurde. Diese Frage wird wohl nie ausreichend geklärt werden können. Heute geht man davon aus, dass das Feuer wahrscheinlich schon vom *Homo erectus* genutzt wurde. Das war vor fast 2 Millionen Jahren. Vielleicht wurde das Feuer durch Zufall erfunden. Mit der Zeit hat sie gelernt, es zu kontrollieren. Dies geschah - laut Archäologen - vor etwa 100.000 Jahren.
- Computer, d. h. informationsverarbeitende Maschinen, sind erst vor relativ kurzer Zeit entstanden. Als erster Computer gilt der amerikanische ENIAC-Digitalcomputer, der in den 1940er Jahren entwickelt wurde. Es war eine riesige Maschine, die den Mathematikern bei ihrer Arbeit helfen sollte. Der ENIAC bestand aus 18.000 Elektronenröhren und 1.500 Relais. Insgesamt wog die Ausrüstung mehrere Dutzend Tonnen und nahm eine ganze Etage des Gebäudes ein.
- Nikola Tesla gilt als Urheber Dutzender bemerkenswerter Erfindungen; ohne seine Entdeckungen gäbe es keine Turbinen in Kraftwerken, keinen Wechselstrom und keine Fernbedienungen für den Fernseher. Nur wenige wissen, dass dieser große Entdecker an Austernsaritisphobie litt - das heißt, an einer panischen Angst vor Perlen.
- Der Erfinder des berühmten Würfels, Erno Rubik, verbrachte einen ganzen Monat damit, seine Erfindung zu ordnen, bevor es ihm gelang. Wie er behauptete, war der Würfel eine Idee, die mit seinem Interesse am Weltraum zusammenhing. Er war fasziniert von den Möglichkeiten, wie ein Objekt den Ort wechseln und sich verwandeln kann.
- Im Jahr 1906 entwickelte Alva Fisher in Chicago die erste Waschmaschine. Diese Erfindung war jedoch nicht sicher, denn viele Menschen erlitten damals Stromschläge.

- Um 100 n. Chr. wurde in China das Papier entwickelt.
- Die Erfindung der Uhr war ein Durchbruch für die Menschheit. Bevor in der Barockzeit die ersten Taschenuhren entwickelt wurden, die später zum Symbol der Epoche wurden, orientierten sich die Menschen mit Sonnenuhren und Sanduhren an der Zeit.
- Im Jahr 1894 erfand Guglielmo Marconi das Radio. Dies ermöglichte es den Erfindern, Schiffe zu kapern, die die Erde umkreisten und Tausende von Meilen über die Ozeane zurücklegten, um miteinander in Kontakt zu bleiben.
- Im Jahr 1903 unternahmen Orville und Wilbur Wright den ersten Flug mit einem Flugzeug. Es dauerte nicht lange, das Flugzeug flog nicht viel länger als seine eigene Länge, doch von diesem Moment an bereitete sich die Welt auf eine große Veränderung des Reisens vor.
- Obwohl die Empfängnisverhütung schon seit der Antike bekannt war, ermöglichte erst die Antibabypille eine realistische Kontrolle der Geburtenrate. Auf diese Weise haben sie das Leben der Frauen - und der Gesellschaft insgesamt - entscheidend verändert. Die Forschung zu oralen Verhütungsmitteln begann 1950 mit Gregory Goodwin Pincus.
- Nuklearwaffen. Eine Erfindung, die sehr umstritten ist, deren Einfluss auf die Geschichte der Menschheit aber nicht zu leugnen ist. Überraschenderweise sind die Auswirkungen nicht ausschließlich negativ. Einerseits verursachte die Atombombe Zerstörungen von unvorstellbarem Ausmaß. Andererseits hat die Arbeit an Atomwaffen zur Erfindung von Technologien beigetragen, die den Zugang zu Energie gewährleisten, wenn die fossilen Brennstoffe zur Neige gehen. Sie hat auch zur Entwicklung der Nuklearmedizin beigetragen.Die Kernspaltung wurde erstmals von den deutschen Wissenschaftlern Otto Hahn und Fritz Strassmann im Jahr 1938 durchgeführt.

- Die Dampfmaschine löste eine industrielle Revolution aus, die unsere Lebenswirklichkeit völlig veränderte. Seitdem ist die Muskelkraft durch mechanische Kraft ersetzt worden, was sich erheblich auf die Geschwindigkeit und die Kosten des Produktionsprozesses ausgewirkt hat.Als Erfinder der Dampfmaschine gilt James Watt, der 1763 die zuvor von Thomas Newcomen gebaute atmosphärische Dampfmaschine perfektionierte.

- Dynamit. In den frühen 1860er Jahren entwickelte der schwedische Chemiker Alfred Nobel eine Methode zur sicheren Verwendung von Nitroglyzerin, das zwar eine starke Wirkung hatte, aber leicht versehentlich eine Explosion verursachen konnte. Im Jahr 1967 patentierte er eine Mischung aus Nitroglyzerin und so genannter Kieselgur, die nur mit einem speziellen Zünder zur Explosion gebracht werden konnte.

- Im Jahr 1826 machte der französische Erfinder Joseph Niepce die erste dauerhafte Fotografie auf einer Metallplatte, die mit dem sogenannten syrischen Asphalt beschichtet war. Von 1829 bis zu seinem Tod im Jahr 1833 arbeitete Niepce mit dem französischen Künstler und Erfinder Louis Daguerre zusammen. 1837 stellte Daguerre die erste praktische Methode zur Herstellung von Fotografien vor.

MOTORISIERUNG

- Ein durchschnittliches Automodell besteht aus 30.000 Teilen.
- Nach Angaben der Versicherungsgesellschaften wird jedes fünfte Motorrad Opfer eines Diebstahls, wobei man davon ausgeht, dass fast 25 % dieser Fälle betrügerisch sind.
- Schnellstes Polizeiauto. Im April 2016 wurde der Guinness-Weltrekord für das schnellste Polizeifahrzeug der Welt vom Bugatti Veyron - Vereinigte Arabische Emirate - aufgestellt.

- Schnellstes Polizeiauto. Im April 2016 wurde der Guinness-Weltrekord für das schnellste Polizeifahrzeug der Welt vom Bugatti Veyron - Vereinigte Arabische Emirate - aufgestellt.

- Der größte und schwerste unbeladene Lkw wiegt 203 Tonnen. Er kann 365 Tonnen befördern, und in der Zulassungsbescheinigung steht die Nummer 592 im Abschnitt über das zulässige Gesamtgewicht. Das Gewicht des Motors allein beträgt knapp über 10 Tonnen. Bei all dem ist seine Länge beeindruckend... In seiner Größe misst er gerade einmal 14,5 Meter. Die Höhe erreicht dabei über 7 Meter. Die Rede ist von dem Liebherr-Stapler T282B.

- Bei Hochgeschwindigkeitsunfällen auf Motorrädern in Nordirland sind Ärzte auf Motorrädern die ersten Helfer. Sie erreichen den Unfallort mit einer Geschwindigkeit von mehr als 200 Stundenkilometern.

- Schätzungen zufolge haben die Dreipunktgurte mehr als 1 000 000 Menschenleben gerettet.

- Der Geruch eines neuen Autos - oder vielleicht der Gestank eines neuen Autos? Im Innenraum eines Neuwagens finden Sie eine ganze Reihe von Elementen aus dem Periodensystem, hoffentlich mit Ausnahme von Plutonium und Beryllium. Beim Bau eines Autos werden viele Materialien verwendet, die nicht immer positive Auswirkungen auf unsere Gesundheit haben. Es ist jedoch wichtig zu wissen, dass es sich nicht um den Geruch natürlicher Duftöle handelt, sondern um den Geruch von Kunststoffen, Polstermöbeln, Farben, Klebstoffen und anderen Materialien.

- Kawasaki, Japans berühmter Motorradhersteller, baut auch Schiffe, Industriewerkzeuge, Roboter und Raumfahrzeuge.

- Ferruccio Lamborghini, ein Unternehmer und (ursprünglich) Hersteller von landwirtschaftlichen Traktoren und (verärgerter) Besitzer eines Ferrari-Modells, wandte sich an Enza Ferrari mit dem Vorschlag, das Design seiner Fahrzeuge zu ändern. Da Enzo jedoch nicht an Gesprächen mit dem damals unbekannten

"Traktoristen" interessiert war, beschloss dieser, einen Sportwagen nach seinen eigenen Vorstellungen zu bauen. Nur ein Jahr später erschien sein legendärer Lamborghini 350 GT.

- Der Kraftstofftank des Bugatti Veyron hat ein Fassungsvermögen von 26 Gallonen (knapp 99 Liter). Das scheint zwar eine beachtliche Zahl zu sein, aber wenn man während der Fahrt eine Höchstgeschwindigkeit von 408 km/h beibehält, wäre der Tank schnell leer. Und zwar sehr schnell, nach nur 12 Minuten!
- Das erste Autorennen wurde 1894 in Frankreich veranstaltet. Die Strecke war 126 Kilometer lang und führte von Paris nach Rouen. Der Gewinner schaffte die Strecke in fast sieben Stunden. In der heutigen Zeit definitiv undenkbar.
- Entgegen der aufdringlichen Werbung, dem Start des roten Roadsters ins All und der ständigen Berichterstattung in den Medien ist Tesla nicht das meistverkaufte Elektroauto der Welt. Das ist der Nissan Leaf.
- Der Volkswagen Konzern hat derzeit 12 Tochtermarken. Dazu gehören vor allem Hersteller von Luxus- und Premiumfahrzeugen: Porsche, Audi, Bugatti, Bentley oder Lamborghini. Die Dominanz von Volkswagen im Automobilsektor wird durch die folgenden Zahlen noch deutlicher: Jedes dritte in Deutschland verkaufte Fahrzeug und jedes zehnte weltweit gehört dieser Marke.
- Motorradfahrer haben ein fast 30-mal höheres Sterberisiko als andere Verkehrsteilnehmer.
- Der erste Strafzettel für Geschwindigkeitsübertretungen wurde 1896 an den Fahrer Walter Arnold ausgestellt, der in Paddock Wood in Kent mit einer Geschwindigkeit von 13 km/h unterwegs war.
- 95 % der Autos in den USA haben ein Automatikgetriebe.
- Das erste Verkehrssignal der Welt stand am 5. August 1914 in den Vereinigten Staaten an der Ecke Euclid Avenue und 105. Street East in Cleveland.
- Die Gesamtzahl der Autos in der Welt beträgt etwa 1 Milliarde.

RELIGION UND GLAUBE

- In China glaubt man, dass Lärm böse Geister abwehrt. Es wird verwendet, um für Produkte und Einrichtungen zu werben, und Feuerwerkskörper werden bei Familienfeiern gezündet.

- Um 1400 wurde in Indien der Karni Mata, der Rattentempel, zu Ehren der Göttin Karni errichtet. Laut Karni hat eines ihrer Familienmitglieder Reinkarnationen durchlaufen und ist gerade als Ratte wiedergeboren worden. Heute leben dort 20.000 Nagetiere, und die Menschen in Indien glauben, dass sie der Göttin nahe sind. Diese Ratten werden täglich mit Kokosnüssen, Milch oder Samen gefüttert. Es wird geglaubt, dass das Wasser, das die Nagetiere trinken, heilig ist und dass Essensreste, die sie hinterlassen, Reichtum und Glück bringen.

- Archäologische Funde deuten darauf hin, dass die meisten Wikinger keine Kopfbedeckung trugen oder Lederhelme benutzten, die oft mit Holz verstärkt waren. Diejenigen, die Kopfbedeckungen aus Metall trugen, waren in der Regel Häuptlinge oder andere wohlhabende Bürger. Sie trugen einfache, runde Helme, die in der Regel aus Eisen und Bronze bestanden.

- Das Phänomen des Kannibalismus ist sehr tief in der menschlichen Psyche und Kultur verwurzelt. Ihre Erscheinungsformen finden sich in Mythen, Legenden und sogar in Kindergeschichten. In bestimmten Kulturkreisen war Kannibalismus gesellschaftsfähig. Für die Maori in Neuseeland oder die australischen Aborigines vom Stamm der Wonkonguru war das Verschlingen des Leichnams ein Ausdruck höchsten Respekts vor dem Verstorbenen (mehr dazu).

- Die alten Ägypter kannten das Konzept der Scham nicht so wie die heutigen Menschen. Es überrascht nicht, dass in einer Gesellschaft mit solchen Sitten die Prostitution florierte wie nirgendwo sonst. Und sie wurde bewacht von ... der Religion. Im alten Ägypten zum Beispiel gab es Tempelharems. Sie wurden in den Tabernakeln von Isis, der Göttin der Fruchtbarkeit, und Amon, dem Gott der Ernte, veranstaltet. Ein Pilger, der einen solchen Tempel besuchte, konnte zwei Fliegen mit einer Klappe schlagen: die sexuellen Dienste einer "Priesterin" in Anspruch nehmen und gleichzeitig einen Gott anbeten. Alles konstenlos.

- Derzeit gibt es 2,17 Milliarden Christen und 1,6 Milliarden Muslime auf der Welt. Prognosen zufolge wird das Verhältnis im Jahr 2050 bei 2,92 zu 2,76 liegen, und bei gleichbleibenden Trends wird die Zahl der Muslime bis 2070 die Zahl der Christen erreichen, und was den Buddhismus betrifft, so gibt es etwa 500 Millionen Menschen, die den Lehren des Buddha folgen. Zum Judentum hingegen bekennen sich rund 14 Millionen Menschen.

- Die Mittsommernacht fällt zwei Tage nach der Sonnenwende, vom 23. auf den 24. Juni. Zu den Riten, die in Kirchen und Kapellen abgehalten wurden, gehörte auch die Weihe von Wasser. Neben dem Wasser waren auch Heilkräuter und

Gartenblumen heilig. An diesem Tag geweihte Pflanzen, die im Krankenzimmer aufbewahrt werden, sollen dem Kranken Trost und Kraft bringen. Aus diesem Grund wird das Fest in einigen Teilen Europas als Abend der Kräuter bezeichnet.

- Alle 12 Jahre findet in Allahabad, Indien, die Maha Kumbhamela (Große Kumbhamela) statt - eine Pilgerreise der Hindus, die mit einem Bad im heiligen Fluss endet. Im Jahr 2013 wurden in zwei Monaten rund 130 Millionen Pilger gezählt, davon 30 Millionen an einem Tag, dem 10. Februar 2013.

- Jahrhunderts von dem katholischen Bischof Robert Grosseteste formuliert wurde, der als erster die Entstehung des Universums als eine Explosion beschrieb, gefolgt von der Bildung von Sternen und Planeten um die Erde. Für die damalige Zeit war diese Ausgabe wirklich bahnbrechend und mutig.

- Jeder hat schon einmal von der köstlichen Kaffeesorte Cappuccino gehört. Nur wenige wissen, dass er seinen Namen von den Kapuzinern hat, genauer gesagt, von der Farbe ihres Habits, die der von Milchkaffee sehr ähnlich ist.

- Das Symbol der ersten Christen war keineswegs das Kreuz. Die ersten Anhänger Christi benutzten das Symbol des Fisches. Die Fische sollten uns nicht nur an die wundersame Vermehrung von Brot und Fischen durch Christus erinnern und daran, dass die Apostel Menschenfischer sein sollten.

- Der Buddhismus ist eine Religion (philosophisch-ethisches System), in der das Konzept eines persönlichen Gottes eine untergeordnete Rolle spielt (oder sogar überhaupt keine). Es ist ein nicht-theistisches System, das die Existenz eines Gottes weder bejaht noch verneint.

- Wie wurden Odin Opfer dargebracht? Von Menschen, die sie an Bäumen aufhängen. Nach der skandinavischen Mythologie hing Odin neun Tage lang am Yggdrasil-Baum, durchbohrt von seinem eigenen Speer (was der Opferung Jesu ähnelt), wodurch er achtzehn magische Lieder und vierundzwanzig Runen lernte.

- Die Basilika Unserer Lieben Frau, der Königin des Friedens, in Jamusukro, der Hauptstadt von Côte d'Ivoire, ist die größte Kirche der Welt. Sie hat eine Gesamtfläche von 30.000 m² und die Basilika verfügt über 7.000 Sitz- und 11.000 Stehplätze. Die Kreuzkuppel der Basilika ist mit 158 Metern nach dem Turm des Ulmer Münsters die zweithöchste Kuppel der Welt.

- Die Kapelle, in der die heilige Johanna von Orléans betete, befindet sich in... Wisconsin. Wie kommt es, dass sich der Schrein dieses französischen Heiligen heute in den USA befindet? Nun, sie wurde 1927 - Stein für Stein - nach New York gebracht. Der Transportprozess selbst dauerte neun Monate. Interessanterweise hat der Stein in der Kapelle, an dem der Heilige gebetet haben soll, eine wesentlich niedrigere Temperatur als die anderen Steine in der Kapelle.

- In den ersten Jahrhunderten des Christentums unterschieden sich die Geistlichen in ihrer Kleidung nicht von den anderen Gläubigen. Und nicht nur das! Sie trugen keine besondere Kleidung, selbst wenn sie die Liturgie feierten. Papst Innozenz I. (5. Jh.) schrieb sogar an die Bischöfe Galliens, um den Klerus von den anderen Gläubigen durch die Lehre und nicht durch die Gewänder zu unterscheiden. Und nicht nur das! Die heutigen liturgischen Gewänder sind in der Tat die typischen Gewänder der Bewohner des Römischen Reiches.

- Im Mittelalter lehnten viele Geistliche der katholischen Kirche den Gebrauch der Gabel ab. Es gab kein offizielles kirchliches Dokument zu diesem Thema, aber einige Leute, wie der heilige Petrus Damiani, äußerten sich wenig schmeichelhaft über seine Verwendung. Der Kirchenlehrer schrieb, dass ihr Gebrauch "sündhafte Verweichlichung" sei.

- Die Sixtinische Kapelle hat zwei Eingänge: Der Eingang zu den Vatikanischen Gärten wird als Tür des Todes bezeichnet, weil jeder Kardinal, der vor der Wahl eines neuen Papstes stirbt, durch diese Tür emporgehoben wird; der andere Eingang zum Petersdom wird als Tür des Lebens bezeichnet, weil der neu gewählte Papst durch diese Tür zu seinem ersten Segen kommt.

IN EINEM GESUNDEN KÖRPER WOHNT AUCH EIN GESUNDER GEIST.

- 1912 entstand die letzte olympische Goldmedaille. Heutige Medaillen bestehen zu über 90 Prozent aus Silber, sowie aus Kupfer und nur noch zu 1 Prozent aus Gold. Das sind also vergoldete Medaillen.
- Bis zu drei Mal in der Geschichte fanden die Olympischen Spiele in Ländern statt, die heute nicht mehr existieren.
- Menschen, die Sport treiben, haben ein größeres Herz als Menschen, die keine körperlichen Aktivitäten ausüben. Sie haben auch einen höheren Bedarf an Salz.

- Der längste aufgezeichnete Punkt in der Tennisgeschichte dauerte 29 Minuten. In dieser Zeit überquerte der Ball 643-mal das Netz. Der Rekord wurde 1984 bei einem Spiel zwischen zwei Frauen aufgestellt.
- Der Moment, der alle Fans dieser Welt begeisterte: Am 16. August 2009 brach Usain Bolt bei der Weltmeisterschaft in Berlin mit einer Startreaktionszeit von 0,146 den Weltrekord im 100-Meter-Lauf – 9,58 Sekunden! Dieses Ergebnis kann sich zweifellos sehen lassen. Es sollte erwähnt werden, dass der Jamaikaner bei diesem Rennen auf der schnellsten Distanz von 60-80 Metern mit einer Geschwindigkeit von 44,72 Stundenkilometern lief!
- Ein Kopfball aus der Distanz wie im Kung-Fu-Film: 2011 schoss Jone Samuelsen von Odd Grenland in einem Spiel der norwegischen Premier League aus der eigenen Hälfte per Kopf ins Tor von Tromso. Der Ball flog 57,3 Meter weit.
- Der stärkste Ball in einem offiziellen Match flog mit einer Geschwindigkeit von 222 Kilometern pro Stunde! Der Rekord gehört dem Brasilianer Ronny.
- John Isner ist ein Spieler, der einen der stärksten Aufschläge der Welt hat. 2016 schickte der Tennisspieler beim Davis Cup den Ball mit einer Geschwindigkeit von 253 Kilometern pro Stunde.
- Es ist anerkannt, dass der älteste Schwimmstil das Brustschwimmen ist, das auch als der langsamste Schwimmstil gilt. Kraulschwimmen gilt als der schnellste Schwimmstil. Es wird angenommen, dass die ersten Schwimmflossen von Benjamin Franklin geschaffen wurden.
- Speedwayrennen ist eine ungewöhnliche Sportart. Speedway-Motorräder haben kein Getriebe. Auch keine Bremsen. Inzwischen liegt die Durchschnittsgeschwindigkeit auf der Strecke bei rund 90 Kilometern pro Stunde.
- Fußball ist ein Sport, der seinen Ursprung in China hat. Ein Spiel, das dem heutigen Fußball sehr ähnlich ist, wurde von den Chinesen bereits vor 2.300

Jahren gespielt. Wir kennen jedoch die aktuelle Version des Fußballs aus dem Vereinigten Königreich.

- Ein stark gekrümmter Tischtennisball dreht sich schneller als der Motor eines Sportwagens bei Vollgas. Ein hart geschlagener „Schmetterball“ kann bis zu 170 km/h schnell werden.
- Der durchschnittliche Golfball hat 336 Dimples (Vertiefungen).
- Shaquille O'Neal hat in seiner Karriere 5317 persönliche Treffer erzielt. Nur 72 Basketballspieler in der Geschichte der NBA haben jemals mehr Persönliches geleistet als er.
- Michael Phelps hat mehr olympische Medaillen gewonnen als 97 andere Länder.
- Sauna-Weltmeisterschaften. Die Veranstaltung hat ihren Ursprung in Finnland, aber ein Ableger der finnischen Version entstand in Schweden, wo ein Teilnehmer fünf Stunden und zehn Minuten in der Sauna blieb, um Landesmeister zu werden.
- Das Gewicht der gesamten Hockeyausrüstung beträgt etwa 30 kg.
- Magnus Carlsen wurde im Alter von 13 Jahren Schachgroßmeister.
- 1971 landete die Besatzung der Apollo-14-Mission auf der Mondoberfläche, darunter auch Alan Shepard, ein begeisterter Golfer. Während seines Aufenthalts auf der Mondoberfläche traf der Kosmonaut 3 Schläge. Golf ist seitdem der einzige Sport, der auf der Oberfläche unseres natürlichen Satelliten gespielt wird.
- Die Fußballweltmeisterschaft (World Cup) wurde erstmals 1930 in Uruguay ausgetragen.
- Intel platzierte seine Werbung auf der Innenseite der Trikots der Spieler des FC Barcelona – die Zuschauer sollten den Slogan Intel Inside sehen, wenn ein jubelnder Spieler sich das Trikot vom Leib reißt.

- Der Begründer und Entwickler der Prinzipien der Leibeserziehung war der Schweizer Johann Heinrich Pestalozzi (1746-1827), der Verbreiter in Deutschland war Friedrich Ludwig Jahn (1778-1852). Sie gelten als die Väter des modernen Turnens.

GUINESS RECORDS

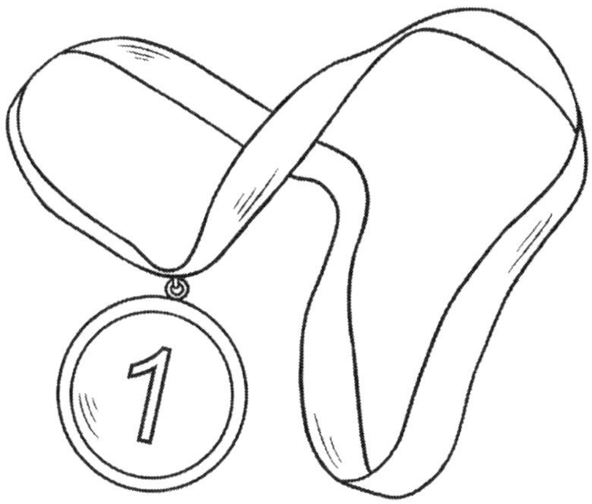

- Schwerster, mit Leim angehobener Gegenstand - ein Lastwagen in Deutschland - 17,5 Tonnen.
- Die steilste Straße der Welt - Ffordd Pen Llech in Wales - Steigung von 37,45 %.
- Dieser Guinness-Weltrekord hat eine lange Geschichte – er wurde schon viele Male gebrochen. Diesmal hieß der Gewinner Ted Hastings, der nicht weniger als 260 T-Shirts gleichzeitig trug!
- Längster Milchzahn - Curtis Buddie aus den Vereinigten Staaten - 2,4 cm

- Der Rekord liegt derzeit bei den Amerikanern. Am 10. Juni 2017 wurde im Bundesstaat Kalifornien in Fontana eine Pizza mit einer Länge von 1.930,39 Metern produziert. Für die Herstellung der Pizza wurden 8 Tonnen Teig, 2,5 Tonnen Tomatensauce und 1,5 Tonnen Mozzarella verwendet.
- Die größte Teddybärensammlung kann Jackie Miley aus den USA vorweisen. Ihr Sortiment besteht aus 8026 Teddys.
- Der Brite Simon Elmore stopfte sich bis zu 400 Strohhalme in den Mund und hielt sie dort 10 Sekunden lang ohne Hilfe seiner Hände. Der Rekord wurde am 6. April 2009 während der Mark 'N' Simon Show in der bayerischen Stadt Solhuben gebrochen.
- Die meisten Toilettensitze in weniger als einer Minute mit dem Kopf zerschlagen. Der Rekord liegt bei Kevin Shelly, einem Amerikaner, der 46 solcher Gegenstände in einer Minute zertrümmerte.
- Größte Anzahl von Unterwäscheclips im Gesicht in einer Minute. Dieser masochistische Rekord wurde vom Italiener Silvio Sabba aufgestellt, der sich am 27. Dezember 2012 in Pioltello, Italien, 51 Clips ins Gesicht steckte.
- Hunter Ewen aus den USA blies 910 Ballons in einer Stunde auf.
- Der längste Kuss dauerte 58 Stunden, 35 Minuten und 58 Sekunden. Dieser Rekord wurde bei einem von "Ripleys Believe it or Not" organisierten Wettbewerb in Pattaya, Thailand, aufgestellt. Das am längsten küssende Paar waren Ekkachai und Laksana Tiranarat, die dafür einen Geldpreis, zwei Diamantringe und natürlich einen Eintrag ins Guinness-Buch der Rekorde erhielten.
- Der meisttätowierte Senior ist Charles "Chuck" Helmke aus den USA. Der Mann ist auf 97,5 Prozent seines Körpers tätowiert. Bei den Seniorinnen hält Charlotte Guttenberg den Rekord.

- Die meisten von einem Papagei geöffneten Dosen in einer Minute. Das verdient Anerkennung! Für einen Papagei ist es eine bemerkenswerte Leistung, eine Dose zu öffnen, geschweige denn 35! So viel hat ein Ara namens Zac am 12. Januar 2012 in der kalifornischen Stadt San Jose in einer Minute geöffnet und damit einen Weltrekord aufgestellt.

- George Christen zeigte der Welt sein kraftvolles Gebiss, indem er einen 12 kg schweren Tisch mit einer darauf sitzenden 50 kg schweren Person anhob und damit 11,8 m weit lief. Dieses Kunststück gelang ihm am 9. Februar 2008 während der Sendung "Lo Show Dei records" in Spanien.

- In der Stadt Cambridge im US-Bundesstaat Ohio wurde am 13. Dezember 2021 ein neuer Guinness-Weltrekord aufgestellt: für den größten Ball der Welt aus Menschenhaar. Sein Ersteller ist Steve Warden. Sein haariges „Baby“ namens Hoss wiegt 102,12 kg, mehr als 25 kg mehr als der bisherige Rekordhalter.

- Die längsten Zehennägel gehören Ayanna Williams aus den USA, mit einer Gesamtlänge von 576,4 cm.

- Der Imker Gao Binggao beschloss, sich mit so vielen Bienen wie möglich zu bedecken, weil er sich „lebendig fühlen“ wollte. Am 27. Mai 2015 wurden innerhalb von 4,5 Stunden bis zu 1,1 Millionen Bienen mit einem Gesamtgewicht von 109,5 kg auf ihn gesetzt.

- Die Amerikanerin April Choi hat im Stile von Indiana Jones den Guinness-Weltrekord für die Anzahl der Jenga-Blöcke gebrochen, die in einer Minute mit einer Peitsche aus einem Turm entfernt wurden. Es gelang ihr, in sechzig Sekunden vier Holzklötze zu „entfernen“, ohne die Struktur umzustoßen.

VERGESSENE ORTE

□ Craco, Italien – Die Siedlung wurde im 8. Jahrhundert gegründet, auf einem Hügel erbaut und hatte militärische Funktionen. Ihre größte Blüte erlebte die Stadt im 13. Jahrhundert – hier wurde eine Universität errichtet und eine Burg errichtet – Mitte des 20. Jahrhunderts entschieden sich die Einwohner nach einer Reihe wiederholter Erdbeben, die einen großen lebensgefährlichen Erdrutsch zur Folge hatten, dazu die Stadt verlassen und sich an einem neuen Ort niederlassen – Craco Peschiera. Die letzten Einwohner verließen die Stadt 1991. Die Stadt wird allmählich zerstört und rutscht unmerklich aus einer Höhe von 400 Metern in die Tiefe.

- Kennecott, Alaska – Die verlassene Kupfermine in Kennecott, Alaska, war zwischen 1911 und 1938 äußerst profitabel. Als die Vorräte zur Neige gingen, hatte die entfernte Stadt den Einwohnern leider nicht viel zu bieten, sodass die Menschen massenhaft abzogen.

- Die verlassene Stadt Kolmanskop – Anfang des 20. Jahrhunderts wurden im südlichen Teil Namibias Diamantenvorkommen entdeckt. Hier entstanden sehr schnell Minen und mit ihnen Kolmanskop. In weniger als zwei Jahren waren Hunderte von Villen auf dem kargen Sand gewachsen, Straßen und Schulen wurden gebaut, ein Krankenhaus (mit dem ersten Röntgengerät der südlichen Hemisphäre), ein Theater und ein berühmtes Casino betrieben. Es wurde von den Deutschen verwaltet, weil das Gebiet zu ihrer Kolonie gehörte. Leider brachte der Rückgang der Diamantenpreise nach dem Ersten Weltkrieg eine Krise. Die Einwohner lebten vom Verkauf von Edelsteinen und hinterließen ihre schönen Villen, gepflegten Gärten und sauberen Straßen. Die letzten Menschen verließen es 1956.

- Hashima ist eine 6 Hektar große, unbewohnte Insel, die etwa 15 km südwestlich von Nagasaki liegt. Aufgrund seiner Ähnlichkeit mit dem japanischen Schiff Tosa wird es meist Gunkanshima oder „Insel-Kriegsschiff" genannt. Als im 20. Jahrhundert die Bedeutung der Kohle für die japanische Wirtschaft abnahm, wurde beschlossen, den Abbau auf Hashima einzustellen. Die Bergleute gingen, und die sich selbst überlassene Infrastruktur und die Naturgewalten begannen langsam zu verfallen. Dieser Ort wurde zunehmend als "Geisterinsel" bezeichnet, und dies ist eine durchaus gültige Bezeichnung. Gebäude und zurückgelassene Alltagsgegenstände vermitteln einen erstaunlichen Eindruck von der ständigen spirituellen Präsenz der ehemaligen Gastgeber.

- Ross Island in Indien wurde im 18. Jahrhundert von britischen Kolonisatoren gegründet und ist heute verlassen. Hier finden wir die Ruinen alter Häuser, eine Kirche, einen Basar, Geschäfte und ein Krankenhaus – aber alle Gebäude sind in einem desolaten Zustand. 1942 wurde die Insel von den Japanern angegriffen und übernommen. Die Reste der Bunker, die sie damals hier errichteten, sind bis heute erhalten. Auf der Insel gibt es ein Museum, in dem Ausflüge organisiert werden.

- Terlingua, Texas. Als das Bergbauunternehmen Chisos Mitte des 18. Jahrhunderts eröffnet wurde, zogen die Arbeiter und ihre Familien schnell nach Terlingua, Texas. Die Bevölkerung auf ihrem Höhepunkt im Jahr 1903 betrug 3.000. Laut der letzten Volkszählung im Jahr 2010 blieben nur noch 58 Menschen dort. Diejenigen, die dort geblieben sind, leben von den Touren, die sie rund um verlassene Kirchen und Gebäude anbieten.

- Prypjat, Ukraine. Am 26. April 1986 kam es im Kernkraftwerk von Tschernobyl zu einer Explosion und (einen Tag später) zur Zwangsumsiedlung der gesamten Bevölkerung von Pripjat – "der Stadt der Energieingenieure", die sich direkt neben dem Kernkraftwerk von Tschernobyl befindet, einst von über 50.000 Menschen bewohnt, heute ein erloschenes Freilichtmuseum der letzten Jahre der Sowjetzeit. Prypjat sollte das Vorzeigewerk der sowjetischen Planer werden, die „atomare“ Siedlung der Zukunft, der endgültige Beweis für den Triumph des Sozialismus über den Kapitalismus. Bevor es zu einem Freilichtmuseum und einer postapokalyptischen Landschaft wurde, war es ein Schlaraffenland.

- Garnet in Montana ist eine weitere Stadt, die in fernen Zeiten aufgrund ihrer Vorkommen das Leben genoss. Leider gibt es nur noch verlassene Blockhütten. Sie ist heute eine der bekanntesten und am besten erhaltenen Geisterstädte. Eintrittskarten werden benötigt, der Preis beträgt drei Dollar. In der Nähe gibt es Campingplätze für Entdecker.

- Virginia City, Nevada. Diese 1863 gegründete Goldgräberstadt hatte zu ihrer Blütezeit 10.000 Einwohner. Leider gingen in der zweiten Hälfte des 19. Jahrhunderts die Vorräte zur Neige und, wie in anderen Städten, begannen die Menschen abzuwandern. In den 1940er Jahren begannen Charles und Sue Bovey, Grundstücke in der Stadt aufzukaufen und Gebäude zu renovieren, die sich in schlechtem Zustand befanden. Die verlassene Stadt Virginia City wurde in den

1950er Jahren für den Tourismus restauriert. Ein Teil der Stadt wurde 1961 zum U.S. National Historic Landmark erklärt. Laut der Volkszählung von 2000 betrug die Einwohnerzahl 130 Personen.

- Animas Fork, Colorado. Ende des 19. Jahrhunderts war Alpine Loop eine geschäftige Bergbaustadt in Colorado. Heute ist es leider ein heruntergekommenes Stück Land mit verfallenen Gebäuden. In ihrer Blütezeit hatte die Stadt ein Hotel, ein Geschäft und ein Postamt. Interessanterweise zogen die Einwohner aufgrund der Höhenlage jeden Herbst nach Süden in die wärmere Stadt. 1884 gab es einen Schneesturm, der die Einwohner dazu veranlasste, Tunnel zu graben, um zu ihren Häusern zu kommen. Bereits 1910 begannen die Menschen, diesen Ort zu verlassen. Heutzutage sind dort neun kaum stehende Häuser zu sehen. Etwa tausend Menschen besuchen diesen Ort jedes Jahr.

GEHEIMNISVOLLE OZEANE

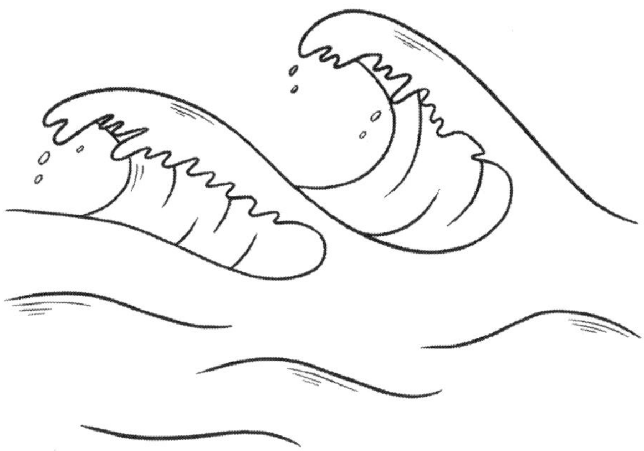

- Der Atlantische Ozean hat so viel Wasser, wie die Antarktis Eis hat.
- Zwei Drittel der Biota in den Ozeanen sind noch unbenannt.
- Die durchschnittliche Tiefe aller Ozeane beträgt 3729 m.
- Die Weltmeere sind ein riesiger "Friedhof" von Schiffswracks. Es wird geschätzt, dass es mehr als 3 Millionen von ihnen gibt.
- Mehr als 90 % der Vulkanausbrüche ereignen sich auf dem Grund der Ozeane.

- Das meiste Leben auf der Erde ist aquatisch. Da ein so großer Teil der Erdoberfläche unter Wasser liegt, ist es kein Wunder, dass die Zahl der im Meer lebenden Arten größer ist als die der an Land lebenden. 94 % der lebenden Arten der Erde leben in den Ozeanen.

- Der Atlantische Ozean dehnt sich aus. Dies ist auf die Bewegung der tektonischen Platten zurückzuführen, insbesondere auf die Dynamik des Mittelatlantischen Rückens. Er war maßgeblich an der konsequenten Ausweitung des Atlantiks beteiligt. Der Pazifische Ozean wiederum schrumpft jedes Jahr um 2-3 Zentimeter, was wiederum auf tektonische Bewegungen entlang des Pazifischen Feuerrings zurückzuführen ist.

- Einige Meeresarten leben unter extremen atmosphärischen Bedingungen. Es gibt Meeresarten, die unter extremen Bedingungen leben, die früher als ungeeignet für das Leben galten. Rund um die sogenannten schwarzen Schlote - Orte, an denen das Wasser aufgrund des hohen Drucks 200 Grad Celsius erreicht - gibt es ein faszinierendes Leben. Durch den Prozess der Chemosynthese wird das Wasser in diesen Gebieten in Zucker umgewandelt, von dem sich einige Quallenarten, riesige Meeresregenwürmer, Krebse und Garnelen ernähren.

- In Neufundland, Kanada, friert der Atlantische Ozean manchmal zu, sodass die Menschen darauf Hockey spielen.

- Jedes Jahr werden 6 Milliarden Kilogramm Müll in die Ozeane gekippt. Die meisten von ihnen sind aus Plastik.

- Der Atlantische Ozean ist so groß, dass jeder Einwohner der Vereinigten Staaten einen Quadratkilometer in ihm hat.

- 75 % der aktiven und erloschenen Vulkane der Welt befinden sich im Ring of Fire, einem Gebiet im Pazifischen Ozeanbecken.

- In den Weltmeeren befinden sich fast 20 Millionen Tonnen Gold.

- Die Gesamtlänge der Küstenlinie aller Ozeane beträgt 377 412 km.
- Die größte versunkene Skulptur wiegt mehr als 60 Tonnen. Beeindruckend ist auch die 2,5 Tonnen schwere bronzene Christusstatue, die vor der Küste von Portofino in Italien versenkt wurde. Darüber hinaus sind schätzungsweise 20 Tonnen Gold auf dem Grund der Ozeane versunken. Allerdings liegt es hauptsächlich in Pulverform vor, so dass es sich nicht lohnt, es herauszufischen.
- 1.500 Meter unter der Wasseroberfläche sind die seltsamsten Kreaturen zu finden. Ein durchsichtiger Oktopus, ein 10 Meter langer Fisch, leuchtende Tiere oder ein 700 kg schwerer Tintenfisch sind keine Geschichten aus einem Science-Fiction-Film. Diese Tiere gibt es wirklich und sie sind hervorragend an Bedingungen wie minimales Licht und geringe Sauerstoffmengen im Wasser angepasst.
- Die Gesamtlänge der Küstenlinie aller Ozeane beträgt 377 412 km.
- Der Pazifik ist der tiefste Ozean. Seine durchschnittliche Tiefe beträgt, 3970 m.
- Der längste Gebirgszug der Welt steht unter Wasser. Der Mittelozeanische Rücken erstreckt sich über 65.000 Unterwasserkilometer. Dieses Gebirge soll weniger erforscht sein als die Oberfläche der Venus oder des Mars.
- Wir kennen immer noch nur einen Bruchteil der Meeresarten in unseren Ozeanen. Nach Angaben des World Register of Marine Species gibt es derzeit 240.470 katalogisierte Arten, aber man geht davon aus, dass dies nur ein kleiner Teil der Unterwasserbewohner ist.
- Der größte Teil des Sauerstoffs auf unserem Planeten wird im Meer produziert. Man geht davon aus, dass 70-80 % des Sauerstoffs, den wir einatmen, von Meerespflanzen produziert wird, wobei es sich fast ausschließlich um Meeresalgen handelt.

- Es ist möglich, Flüsse und Seen unter dem Meer zu finden. Wenn sich Salzwasser und Schwefelwasserstoff verbinden, wird die Flüssigkeit dichter als das übrige Wasser in der Umgebung und es entsteht ein Unterwassersee oder -fluss.
- Der Pazifische Ozean umfasst etwa 25 000 Inseln.
- Das Great Barrier Reef, das vor der Küste Australiens liegt, ist das größte lebende Gebilde der Welt und kann vom Weltraum aus gesehen werden. Aus dieser Perspektive erscheint das Riff wie ein weißer Fleck auf dem blauen Meer, ist aber dennoch deutlich sichtbar. Das Great Barrier Reef ist mehr als 2 300 km lang und beherbergt mehr als 2 000 Fisch-, 4 000 Weichtier- und mehr als 400 Korallenarten.
- Challenger Deep im Marianengraben im westlichen Pazifik ist der am tiefsten erforschte Ort der Erde. Seine Tiefe beträgt 11.034 km. Wenn man den Mount Everest auf den Grund dieses Grabens setzen könnte, läge der Gipfel immer noch 1.609 km unter dem Meeresspiegel!
- Unser Wissen über den Meeresboden ist in der Tat verschwindend gering. Die Tatsache, dass bisher 12 Menschen die Oberfläche des Mondes betreten haben und nur drei im Marianengraben getaucht sind, ist ein klarer Beweis dafür!
- 1992 verlor ein Container, der von China nach Amerika fuhr, Tausende von Gummienten im Meer. Sie wurden an verschiedenen Orten der Erde gefischt und ermöglichten ein besseres Studium der Meeresströmungen.
- Im Indischen Ozean kehrt sich die Bewegung der Meeresströmungen zweimal im Jahr um, wenn der Monsun seine Richtung ändert.
- Der Temperaturunterschied im Pazifischen Ozean ist sehr groß. In der Nähe des Äquators ist die Temperatur des Ozeans am höchsten (bis zu 30 Grad), während sie in der Nähe des Südpols am niedrigsten ist (etwa 0 Grad).

- In den Gewässern des Pazifischen Ozeans gibt es auch zahlreiche Haiarten, darunter den größten Fisch der Welt, den Walhai. Trotz seiner enormen Größe (er kann bis zu 18 Meter lang werden) ist dieses Tier nicht aggressiv, greift keine Menschen an und ernährt sich von kleinem Plankton. Interessant ist, dass die Haut dieses Tieres bis zu 10 Zentimeter dick ist - die dickste Haut im gesamten Tierreich!

- Im Pazifik befindet sich der sogenannte "Pazifische Feuerring", das seismisch aktivste Gebiet der Welt. Es umfasst die Westküste Amerikas und die Ostküste Asiens, Ozeaniens und Australiens. Erdbeben, Tsunamis, Vulkanausbrüche und andere Naturkatastrophen sind in diesem Gebiet an der Tagesordnung. Schätzungen zufolge ereignen sich 90 % aller weltweiten Erdbeben innerhalb des Pazifischen Feuerrings.

- Den Namen "Pazifischer Ozean" erhielt das Gewässer von Ferdinand Magellan, dem portugiesischen Entdecker und Seefahrer, der als erster die Erde umsegelte. Während seiner Fahrt waren die Gewässer außergewöhnlich ruhig, weshalb er sie als "pacifico" (spanisch für "ruhig") bezeichnete.

- Im Jahr 2011 kam es in Fukushima, Japan, zu einer massiven Kernkraftwerkskatastrophe, die durch Erdbeben und einen Tsunami verursacht wurde. Einige Jahre später beschloss die japanische Regierung, radioaktive Abfälle in pazifische Gewässer zu leiten.

- Obwohl es im Pazifischen Ozean viele paradiesische Inseln gibt und die Küstengewässer selbst für ihre Klarheit und Transparenz bekannt sind, befindet sich zwischen Hawaii und der kalifornischen Küste der Große Pazifische Müllteppich, die größte Konzentration von Meeresmüll. Er hat eine Fläche von etwa 1,6 Millionen Quadratkilometern und wiegt mehr als 100 Millionen Tonnen. Es besteht hauptsächlich aus Plastikmüll, der sich in sogenanntes Mikroplastik zersetzt und jedes Jahr den Tod von Millionen von Meerestieren (Fische, Vögel, Säugetiere) verursacht.

KEIN EINZIGER TROPFEN REGEN

- Die Oberfläche der Atacama-Wüste in Chile ist mit rissigem Schlamm bedeckt. Dort wurde die längste Dürre der Geschichte verzeichnet, die 400 Jahre andauerte und 1971 endete.
- Nur 20 % der Wüsten der Erde sind mit Sand bedeckt.
- Die heißeste Wüste der Welt ist die Sahara. Im Sommer überschreitet die Temperatur 50 °C.
- Etwa 1/3 der Landoberfläche der Erde ist von Wüsten bedeckt.
- Die größte Eiswüste ist die Antarktis. An zweiter Stelle steht die Arktis und an dritter Stelle die Sahara – eine Sandwüste.

- Weltweit leben mehr als eine Milliarde Menschen in Wüsten.
- Die Sahara liegt in 12 afrikanischen Ländern.
- Die meisten Bewohner der Sahara sind Nomaden. Das zahlreichste Volk sind die Tuareg. Sie beschäftigen sich mit Tauschhandel.
- Die höchste Wüstentemperatur in Bodennähe: 70,7 °C wurde in der Lut-Wüste im Iran gemessen. Die höchste Lufttemperatur: 56,7 °C wurde 1913 im Death Valley gemessen. Das ist die höchste je gemessene Lufttemperatur.
- Auf relativ einfache Weise können Sie in der Wüste ziemlich viel Wasser bekommen. Wenn Sie es schaffen, in den nassen Sand zu graben, müssen Sie ein Gefäß auf den Boden einer solchen Vertiefung stellen und das Ganze mit einer Folie abdecken. Die Folie sollte sich über die unten stehende Schale biegen. Die Sonne und hohe Temperaturen führen zu einer schnellen Verdunstung der Feuchtigkeit aus dem Sand. Feuchtigkeit kondensiert auf der Folie und fließt an ihrer Oberfläche herunter in das platzierte Gefäß. Je nach Feuchtigkeit des Sandes können so bis zu 1 Liter Wasser pro Tag gewonnen werden.
- Einige Wüsten sind durch erhebliche jährliche Temperaturänderungen gekennzeichnet. Beispielsweise ist die Wüste Gobi in Asien im Sommer extrem heiß, im Winter jedoch kalt.
- Neben Sandwüsten kann es Kies- und Steinwüsten geben. Es gibt sogar Salzwüsten, die meist mit Salz bedeckt sind. Sie entstehen an Orten, an denen früher Salzseen existierten.
- Der trockenste Ort der Erde liegt in der Antarktis. In den McMurdo Dry Valleys hat es seit 2 Millionen Jahren keinen Tropfen geregnet.

STAATEN

- Finnland ist ein toller Ort, um die Polarlichter zu beobachten.
- Die Finnen konsumieren den meisten Kaffee der Welt. Obwohl ganz Nordeuropa einer der größten Kaffeekonsumenten ist, trinken die Finnen ihn am meisten. Ein durchschnittlicher Finne konsumiert 12 Liter dieses Getränks pro Jahr.
- Seit 150 Jahren ist Brasilien der größte Kaffeeproduzent der Welt.

- Peru ist ein Land mit vielen Jahrhunderten reicher Geschichte. Die frühesten Spuren menschlicher Präsenz auf dem Territorium dieses Landes stammen aus der Zeit um 12.500 v. Chr. in der Siedlung Huaca Prieta am Pazifischen Ozean. Das Land hat eine der längsten Zivilisationsgeschichten, von der Norte-Chico-Zivilisation, die 3500 v. Chr. blühte, bis zur ältesten Zivilisation Amerikas und einer der fünf Wiegen der Zivilisation nach dem Inka-Reich.
- Öl wurde 1938 in Saudi-Arabien entdeckt. Seitdem ist Arabien zum zweitgrößten Ölproduzenten der Welt (nach den USA) und zum weltweit größten Ölexporteur geworden und kontrolliert die zweitgrößten Ölreserven und die sechstgrößten Gasreserven.
- In der Stadt Jeddah im Westen Saudi-Arabiens in der Provinz Mekka am Roten Meer, dem wichtigsten Industrie-, Handels- und Kulturzentrum des Landes, befindet sich seit 2013 der erste Wolkenkratzer der Welt mit einer Höhe von mehr als einem Kilometer im Bau – der Jeddah Tower.
- Kroatien hat 1.185 Inseln, von denen die meisten Landfragmente sind. Einzige Ausnahme sind Brusnik und Jabuka, die vulkanischen Ursprungs sind.
- Eine unbestrittene Attraktion der Halbinsel Istrien ist die kleinste Stadt der Welt, Hum. Es war ein wichtiger strategischer Punkt, umgeben von Verteidigungsmauern an der Grenze zwischen den Ländern der Habsburger und Venedigs. In den Steinhäusern leben heute etwa 20 Menschen.
- In Kenia leben etwa 55 Millionen Menschen aus 9 ethnischen Gruppen.
- Ein beliebtes Spektakel, das mit Spanien verbunden ist, ist der Stierkampf – Corrida de Toros. Dies ist ein traditioneller Stierkampf, der in der Arena Plaza de Toros stattfindet. Der Stierkampf entstand auf der Iberischen Halbinsel wahrscheinlich dank der Araber, obwohl einige sagen, dass die Karthager oder Römer sie zuerst veranstaltet haben.

- Die spanische Hymne – Marcha Real, der "Königliche Marsch" – ist eine der wenigen Nationalhymnen, die keine offiziell genehmigten Worte hat, nur eine Melodie.
- Die Anzahl der Seen in Norwegen kann Ihnen den Kopf verdrehen. Es gibt 450.000 von ihnen im Land.
- Die Engländer stehen weltweit an zweiter Stelle in Bezug auf die Menge an Tee, die sie trinken. Den ersten Platz unter Teeliebhabern belegen die Iren.
- Laut der Time gibt es nur 28 Arten von Frisuren, die in Nordkorea akzeptabel sind. Frauen dürfen eine Frisur aus einer Liste von 14 behördlich genehmigten auswählen. Verheiratete koreanische Frauen sollten ihre Haare kurz und bescheiden halten. Alleinstehende Frauen können sich etwas länger und sogar Locken leisten. Männer können keine Haare wachsen lassen, die länger als 5 cm sind. Die Regel gilt nicht für ältere Männer, die das Recht haben, ihre Haare bis zu einer Länge von 7 cm wachsen zu lassen.
- In einem österreichischen Dorf sind Straßenschilder aus Zement, um Diebstahl zu verhindern.
- Nordkorea und Kuba sind die einzigen Orte, an denen man Coca-Cola nicht kaufen kann.
- Seit 2004 ist Kaugummi in Singapur verboten. Die Ausnahme ist, wenn Kaugummi von einem Arzt verschrieben wird.
- In Australien und Teilen Irlands und Neuseelands ist es ziemlich unhöflich, auf dem Rücksitz statt neben dem Taxifahrer zu sitzen. Sie werden wie ein unhöflicher Fahrgast erscheinen, der nur an Ihr Ziel gebracht werden möchte und dabei vergisst, sich mit dem Taxifahrer nett zu unterhalten.
- In Indien gilt es als sehr unhöflich und sogar ekelhaft, mit der linken Hand zu bezahlen, Essen zu servieren und eine andere Person zu begrüßen. Dies liegt daran,

dass die linke Hand verwendet wird, um sich nach dem Toilettengang abzuwischen. Daher erwarten die Menschen in Indien sowie in vielen anderen Ländern Asiens, Afrikas und des Nahen Ostens, tägliche Aktivitäten mit der rechten Hand auszuführen. Wenn Sie jemandem versehentlich etwas mit der linken Hand geben, entschuldigen Sie sich besser schnell für Ihre Unhöflichkeit.

- Tragen Sie auf den karibischen Inseln keine Camouflage-Kleidung. Die Tarnung wird von Polizisten getragen, und wenn Sie dabei erwischt werden, können Sie beschuldigt werden, sich als Polizist auszugeben. Und das endet manchmal sogar mit Verhaftung und Geldstrafe.
- Vor 5.000 Jahren wurden in China Essstäbchen nicht zum Essen, sondern zum Kochen verwendet.
- Indien hat das größte Postnetz der Welt. Es besteht aus über 155.000 Postämtern und einem schwimmenden Postamt.
- In den Vereinigten Staaten gibt es mehr als 18,5 Millionen Millionäre, das sind immerhin 40 % aller Reichen in der Welt.
- Mehr als 40 % aller Fußbälle werden in der pakistanischen Stadt Sialkot produziert.
- In Brasilien helfen Delfine den Fischern beim Fischfang. Im trüben Wasser dort ist kaum etwas zu sehen, und wenn ein Delphin einen Fisch bemerkt, informiert er den Fischer. Es taucht oder schlägt mit dem Schwanz ins Wasser.
- Die Hauptstadt von Mexiko-Stadt versinkt langsam im schlammigen Boden, da die Stadt inmitten eines Sees erbaut wurde, der vor langer Zeit in einem Vulkankrater entstanden war.
- Japan hat die größte Anzahl an Verkaufsautomaten der Welt – 5.000.000. Sie verkaufen alles von heißem Kaffee bis zu Regenschirmen und Toilettenpapier.

- Im Vereinigten Königreich müssen alle Ponys, Esel und sogar Zebras in Zoos einen Ausweis haben, der das Tier nach Art und Größe identifiziert.
- Rom hat den Trevi-Brunnen, in den Touristen jedes Jahr mehr als 1.000.000 Euro werfen, das sind fast 3.000 Euro pro Tag.
- Die Bewohner von Burma (Myanmar) stellen aus der Rinde des Baumes eine gelbe Paste her, die auf die Haut aufgetragen als Sonnenschutz wirkt.
- Autos sind auf Lamu Island in Kenia nicht erlaubt. Die Bewohner reisen zu Fuß auf Fahrrädern oder auf Eseln.
- In Südkorea gelten Babys bei der Geburt als ein Jahr alt.
- Das älteste Restaurant der Welt befindet sich in Spanien. Es wurde 1725 von einem französischen Koch in Madrid eröffnet. Der ursprüngliche Holzofen funktioniert noch immer in dem vierstöckigen Gebäude.
- Marokko ist die Heimat der ältesten Universität der Welt, die 859 gegründet wurde.
- Tausende von Tieren nehmen an Kamel-Schönheitswettbewerben in Saudi-Arabien teil. 2021 verboten die saudi-arabischen Behörden die Anwendung von Botox und anderen Schönheitsbehandlungen bei Kamelen. Tiere dürfen nur nach der Form von Kopf, Hals, Höckern, Körperhaltung und Kleidung beurteilt werden.
- Aufgrund der vielfältigen Landschaften und Klimazonen wird Kamerun oft als Afrika im Kleinformat bezeichnet. Mehr als 200 lokale Sprachen sind in diesem Land zu hören.
- Die Elfenbeinküste ist der größte Exporteur von Kakaobohnen. Es liefert bis zu 30 % dieses Rohstoffs für die weltweite Schokoladenproduktion.
- Nepal ist das einzige Land der Welt, das keine quadratische Flagge hat. Das einzigartige Design bezieht sich auf die Banner von vor Jahrhunderten.

- Kambodscha ist das einzige Land der Welt, dessen Flagge ein Gebäude zeigt.
- Auf einer der Inseln im Senegal gibt es ein Dorf, das vollständig aus Austernschalen und Muscheln besteht. Sogar Häuser und Straßen wurden daraus gemacht.
- Die Hälfte des weltweiten Rosenöls wird im Tal der Rosen in Bulgarien produziert.
- Die Singapurer gehören zu den schnellsten Wanderern der Welt. Der durchschnittliche Singapurer läuft 18 Meter in 11 Sekunden.
- In Armenien lernen Kinder im Rahmen von Schulaktivitäten Schach zu spielen.
- Die Malediven sind das flachste Land der Welt. Der höchste Punkt des Archipels liegt nur 2,5 m über dem Meeresspiegel.
- Äthiopien hat seinen eigenen Kalender. Das Jahr nach dem äthiopischen Kalender, auch Gyez-Kalender genannt, besteht aus 12 Monaten zu 30 Tagen und einem 13. Monat, dem sogenannten „Pagumen“, der die restlichen 5 Tage zusammenfasst.
- Andorra ist das flächen- und bevölkerungsmäßig größte Land ohne Flughafen. Die nächstgelegenen Flughäfen befinden sich in Toulouse und Barcelona.
- In asiatischen Ländern wird das Essen meist mit hölzernen Essstäbchen gegessen. Die Koreaner verwenden auch Essstäbchen, allerdings aus Metall.
- In China verwenden die Chinesen jedes Jahr 80 Milliarden Essstäbchen.
- In England kann man als Landesverräter angesehen werden, wenn man eine Briefmarke von Königin Elisabeth II. falsch herum aufklebt.
- In Deutschland werden mehr Brettspiele verkauft als irgendwo sonst auf der Welt.

VERSCHIEDENE FAKTEN

- Es gibt jeden Tag etwa zwanzig Banküberfälle auf der Erde.
- Frankreich ist das meistbesuchte Land der Welt.
- Die Vereinigten Staaten haben keine Amtssprache auf Bundesebene, jedoch ist Englisch die Landessprache.
- Ein Drittel aller Flughäfen der Welt befinden sich in den Vereinigten Staaten.
- Das iPhone, Harry-Potter-Bücher und der Rubik's Cube sind die 3 meistverkauften Produkte in der Geschichte der Menschheit.

- ☐ Das Gemälde der Mona Lisa hing mehrere Jahre im Schlafzimmer von Napoleon Bonaparte.
- ☐ Wenn Sie zu- oder abnehmen, verschwinden Ihre Fettzellen nicht – sie verändern nur ihre Größe.
- ☐ Das Tragen von Kopfhörern für nur eine Stunde erhöht die Anzahl der Bakterien im Ohr um das 700-fache.
- ☐ Albert Einsteins letzte Worte sind unbekannt, weil er sie auf Deutsch zu einer Krankenschwester sagte, die die Sprache nicht sprach.
- ☐ Ein Papierschnitt ist schmerzhafter als ein normaler Schnitt, da eine solche Wunde fast nie blutet, sodass die Nervenenden offen bleiben und Luft eindringen kann. Die Nerven werden dann gereizt.
- ☐ Wenn Sie ein heißes Bad nehmen, verbrennen Sie so viele Kalorien wie bei einem 30-minütigen Spaziergang.
- ☐ Das beliebteste Geschenk zum Vatertag ist eine Krawatte.
- ☐ Wenn Sie Eiswürfel mit Leitungswasser herstellen, sind sie weiß. Wenn Sie gekochtes Wasser verwenden, werden sie transparent.
- ☐ Tiere meiden Stromleitungen, weil sie Angst vor ultravioletten Blitzen haben, die das menschliche Auge nicht sehen kann. Übrigens können von allen Säugetieren der Welt nur Menschen und Affen keine ultravioletten Strahlen sehen.
- ☐ Das schärfste Chili der Welt ist so scharf, dass es dich umbringen kann.
- ☐ Die am dichtesten besiedelte Insel der Welt hat eine Größe von zwei Fußballfeldern.
- ☐ Der ruhigste Raum der Welt befindet sich in der Microsoft-Zentrale im US-Bundesstaat Washington.
- ☐ Bei einem Zungenkuss tauschen die Partner 250 Arten von Bakterien aus.

- Kontinente ändern sich ungefähr so schnell wie Ihre Fingernägel wachsen.
- Japan ist das am stärksten erdbebengefährdete Land der Welt.
- Es gibt etwa 4 „Billionen Billiarden" Bakterien auf der Erde.
- Die Menschen, die heute leben, machen etwa 7 Prozent der Gesamtzahl der Menschen aus, die jemals gelebt haben.
- Mohammed ist der beliebteste Name der Welt.
- In Afrika und Asien leben fast 90 % der Landbevölkerung der Welt.
- Es gibt über 24 Zeitzonen auf der Welt.
- Es wird geschätzt, dass Schweden mehr Inseln hat als jedes andere Land.
- Es gibt 43 Länder, die noch eine königliche Familie haben.
- Alle Riesenpandas in Zoos auf der ganzen Welt sind Leihgaben aus China.
- Kanada hat 9 % der Wälder der Welt.
- 1889 bestellte die Königin von Italien, Margherita Savoy, die Lieferung der ersten Pizza.
- In Japan werden mehr Erwachsenenwindeln als Babywindeln verkauft.
- Kopenhagen ist die fahrradfreundlichste Stadt der Welt.
- Es gibt 41 Länder, die die Gebärdensprache als Amtssprache anerkennen.
- Bei einer Auktion im US-Bundesstaat New Mexico ersteigerten zwei Käufer ein Paar Levis-Jeans für mehr als 87.000 Dollar. Die Hosen sind etwa 140 Jahre alt, aber nach Aussage der neuen Besitzer noch brauchbar.
- Nur Gambia und die Bahamas nehmen offiziell "The" in die Namen ihrer Nationen auf.

- ☐ Fredric Baur erfand die Pringles-Dose. Als er 2008 starb, wurde seine Asche darin beigesetzt.
- ☐ Es gibt ungefähr 2.000 Stürme auf der Erde zu jeder Zeit.
- ☐ Nur zwei Menschen auf der Welt kennen das Rezept von Coca-Cola. Sie können nicht mit demselben Flugzeug fliegen. Für den Fall der Fälle.
- ☐ Einmal wurde der Buchstabe Z für bis zu 200 Jahre aus dem Alphabet entfernt.
- ☐ In Japan kann man Eis mit Aalgeschmack kaufen.
- ☐ In New York gibt es so viele Restaurants, dass man 54 Jahre lang jeden Abend in einem anderen Restaurant essen könnte
- ☐ Der größte Kürbis der Welt wog mehr als ein Auto.
- ☐ Bienen können tanzen. Indem sie Kreise in der Luft ziehen, signalisieren sie eine neue Pollen- oder Nektarquelle.
- ☐ Frauen schlafen besser, wenn sie neben ihrem Hund schlafen, als wenn sie neben ihrem Partner schlafen.
- ☐ LEGO ist der größte Reifenhersteller der Welt. Jährlich werden 306 Millionen davon hergestellt (für Autos aus Bausteinen).
- ☐ Wie Untersuchungen dänischer Archäologen zeigen, war Kleidung aus Biberpelz ein Zeichen für den Status der Wikinger-Elite.
- ☐ Um zu verhindern, dass ein Krokodil die Kiefer zusammenpresst und Sie verschluckt, drücken Sie einfach Ihren Finger in das Auge des Krokodils.
- ☐ Vor 100 Jahren, am 11. Januar 1922, wurde das erste extrakorporale Insulin einem Menschen verabreicht. Der Patient im Universitätskrankenhaus in Toronto, Kanada, war ein 14-jähriger Junge.

- Eichhörnchen sind unbewusst Obstbauern. Sie vergraben die Samen im Boden und vergessen oft ihren genauen Standort, also pflanzen sie viele neue Bäume.
- Die aus menschlichen Läuseeiern extrahierte DNA kann eine hervorragende Informationsquelle sein. Anhand der auf diese Weise gewonnenen Proben konnten die Forscher das Geschlecht, den Gesundheitszustand und sogar die Todesursache von Andenbewohnern bestimmen, die vor 2.000 Jahren lebten.
- Die Untersuchung der angeblichen Überreste von Leonardo da Vinci hat ergeben, dass 14 heute lebende Menschen behaupten können, Nachkommen der Familie des Genies zu sein. Dies geht aus einer Studie hervor, die in der renommierten wissenschaftlichen Zeitschrift Human Evolution veröffentlicht wurde.
- Im Jahr 2001 ernannte das “Time” Magazine Einstein zum "Mann des Jahrhunderts".
- Ein australischer Mathematiker hat auf einer babylonischen Tafel aus der Zeit vor 3.700 Jahren, die im Archäologischen Museum von Istanbul aufbewahrt wird, Spuren der Verwendung eines Systems gefunden, das der Trigonometrie des Pythagoras ähnelt. Sie wurde von antiken Landvermessern verwendet.
- Neun von zehn Menschen überleben, von einem Blitz getroffen zu werden.
- Im Jahr 1894 enthielt in der Stadt Bovina, Mississippi, während eines Hagelsturms einer der zu Boden fallenden Eisblöcke eine gefrorene Schildkröte.
- Entgegen dem gesunden Menschenverstand ist es kein Huhn, keine Ente oder Gans, die als ältestes Geflügel der Menschheit bezeichnet werden kann, sondern ein großer, aggressive Vogel, der Kasuar, der mit seinen riesigen Krallen einen Menschen ausweiden kann.
- Wissenschaftler sagen, dass das Universum durch den Urknall vor 15 oder 20 Milliarden Jahren entstanden ist.

- William Shakespeare war in einer mittelalterlichen Weltanschauung verwurzelt und hatte kein Interesse an Astronomie? Die Analyse der Werke des Dichters durch Wissenschaftler widerspricht dem. Die Bilder von Planeten und Sternen in seinen Gedichten spiegeln die kosmologischen Diskussionen der Zeit und die Überzeugungen der führenden Londoner Astronomen wider.
- Es ist erwiesen, dass 0,7 Prozent der Weltbevölkerung ständig betrunken sind.
- Der durchschnittliche Mensch verbringt etwa 30 Jahre damit, sich über ein Familienmitglied zu ärgern.
- Während des Zweiten Weltkriegs wurde der deutsche Hund Julian mit der Blaukreuzmedaille ausgezeichnet. Er hat eine Brandbombe gezündet, indem er darauf gepinkelt hat!
- Weltweit gibt es über 23.000 verschiedene Baumarten.
- Flaschenverschlüsse werden aus der Rinde der Korkeiche hergestellt.
- Streichhölzer wurden später erfunden als das Feuerzeug.
- Mehr als 50 % der Menschen auf der Welt haben noch nie einen Anruf getätigt oder erhalten.
- Neil Armstrong musste nach der Rückkehr vom Mond den Zoll passieren.
- Wenn Autos in der Luft schweben könnten, wären wir in einer Stunde im All.
- Der Dosenöffner wurde 48 Jahre nach der Erfindung der Dosen erfunden.
- Frauen planen dreimal so häufig Selbstmord wie Männer. Männer begehen ihn dreimal so häufig wie Frauen.
- Saudi-Arabien importiert Kamele aus Australien.
- Ein Blatt im beliebten A-4-Format oder ein normales Notizbuchblatt kann nur bis zu 6–7-mal gefaltet werden. Versuch es selber!

- Eine 103-mal gefaltete Karte wäre dichter als das Universum.
- Wegen eines (Kaffee-, Süßigkeiten-)Automaten sind schon mehr Menschen gestorben als wegen eines Kontakts mit einem Hai.
- "Lol?" – In den USA haben 97 Personen diesen Namen.
- An einem durchschnittlichen Tag werden weltweit 12 Neugeborene vom Krankenhaus an die falschen Eltern übergeben.
- Männer werden sechsmal häufiger vom Blitz getroffen als Frauen.
- Sperren Sie 57 Personen in einem Raum ein, können Sie zu 99 Prozent sicher sein, dass zwei von ihnen am selben Tag Geburtstag haben.
- An Ihrem Geburtstag ist Ihr Sterberisiko um 14 % höher als an jedem anderen Tag.
- In Jerome K. Jeromes Buch "Drei Mann in einem Boot" lautet der erste Satz "Wir waren zu viert".
- Die meisten Diamanten sind mehr als 3 Milliarden Jahre alt.
- Eines von 10 Babys in Europa wird in einem IKEA-Bett gezeugt.
- Etwa 40 % der Menschheit erleben ihren ersten Geburtstag nicht.
- Wussten Sie, dass sich die Größe der Augen eines Menschen von der Geburt bis zum Tod nicht ändert?
- Sie lieben Vanilleeis? Es ist also keine Kuriosität für Sie, dass dem Vanilleeis eine Substanz namens Bibergeil zugesetzt wird. Es ist ein pulverförmiges Vorhautsekret des kanadischen Bibers.
- Wussten Sie, dass Frauen doppelt so oft mit den Augen blinzeln wie Männer? Dies liegt daran, dass die Augen von Frauen Schadstoffen ausgesetzt sind, die in Make-

up-Kosmetika enthalten sind. Manchmal trocknen sie die Augäpfel aus, weshalb Frauen häufiger blinzeln.

- In den Arabischen Emiraten kommen auf 100 Frauen 219 Männer, deshalb sind Frauen dort gefragt, weil es nur halb so viele gibt wie Männer.
- Die Färöer-Inseln („Schaf-Inseln") haben ihren Namen nicht ohne Grund, denn auf ihrem Territorium leben 50.000 Menschen und 70.000 Schafe.
- Heute gibt es mehr Zwillinge auf der Welt als je zuvor in der Geschichte.
- Der menschliche Körper hat mehr Bakterien als es Menschen auf der Erde gibt.
- Ein durchschnittlicher 4-jähriger stellt etwa 400 Fragen pro Tag.
- Eine Person generiert über ihr ganzes Leben etwa 20 kg neuer Haut.
- Im August 2010 fand in Peking der längste Stau der Geschichte statt, er dauerte 10 Tage und erstreckte sich über 100 Kilometer.
- Alle Ameisen der Welt zusammen wiegen mehr als die gesamte menschliche Bevölkerung.
- Es gibt mehr als doppelt so viele hühner wie Menschen auf der Welt.
- Zwei Drittel der Menschen auf der Welt haben noch nie Schnee gesehen.
- In einer Stadt auf Honduras regt es jedes Jahr zur gleichen Zeit mit Fischen.
- Samoset, der erste amerikanische Ureinwohner, der die Pilger willkommen hieß, konnte bereits Englisch.
- Quallen lösen sich in der Sonne auf, weil sie zu 95 % aus Wasser bestehen.
- Die Mistel ist eine Pflanze, die zu den Schmarotzern gehört, d.h. sie lebt hauptsächlich auf Kosten von Bäumen und Sträuchern. Sie ist nicht in der Lage, selbständig Nahrung aus dem Boden aufzunehmen.

- Die Härte von Mineralien kann anhand der Kratzspuren, die auf anderen Mineralien entstehen, überprüft werden. Jedes Mineral zerkratzt ein anderes Mineral, das weicher ist als es selbst, hinterlässt aber keine Spuren auf dem härteren Mineral. Diese Skala wurde 1812 von Friedrich Mohs entwickelt.
- Jedi ist die offizielle Religion von 70.000 Australiern.
- Der Käsekuchen wurde im alten Griechenland erfunden. Er wurde den Athleten während der Olympischen Spiele serviert.
- Das älteste Graffiti, das dem heute ähnlich ist, ist in Pompei zu sehen, ist fast zweitausend Jahre alt.
- Am 9. Februar 1986 erschien der berühmte Halleysche Komet nach groben Schätzungen zum zehnten Mal in Folge am Himmel. Das nächste Mal wird es im Jahr 2061 zu sehen sein.
- Der Absatz von Bleistiften ist weltweit um 700 Prozent gestiegen, seit Sudoku populär wurde.
- Indien hat eine Charta der Rechte für Kühe.
- Achtzig Prozent der Frauen tragen die falsche BH-Größe.
- Die CIA erwog den Abwurf von Kondomen der Größe XL mit der Bezeichnung M über Russland, was sich negativ auf die Moral der russischen Armee auswirken sollte.
- Wenn Sie zu heftig niesen, können Sie sich eine Rippe brechen.
- Das System der Demokratie wurde vor 2.500 Jahren in Athen, Griechenland, eingeführt.

AUF DER GROSSEN LEINWAND

- Der portugiesische Filmemacher Manoel de Oliveira war der älteste aktive Regisseur. Sein letzter Film wurde 2014 gedreht, als er selbst 106 Jahre alt war. Er begann seine Karriere noch während der Stummfilmzeit.
- In dem Film "Der Pate" wurde das Wort "Mafia" nicht ein einziges Mal erwähnt. Jeder fragt sich, warum? Die Antwort mag überraschen, denn die echte Mafia hat den Machern verboten, den Begriff zu verwenden.
- Der berühmte Schauspieler Sean Bean wurde in 32 Prozent der Filme, in denen er mitspielte, getötet. Damit ist er der am häufigsten getötete Schauspieler der Filmgeschichte.

- Der Chefbäcker auf der Titanic trank angeblich so viel Alkohol, dass er zwei Stunden lang im eiskalten Meer schwamm, bevor er gerettet wurde.
- Der erste Film über die Titanic wurde weniger als einen Monat nach der Katastrophe gedreht und zeigte eine Schauspielerin, die den Untergang überlebt hatte.
- Der Film Titanic, bei dem James Cameron Regie führte, kostete mehr als das Originalschiff Titanic.
- Arnold Schwarzenegger erhielt für jedes Wort, das er in Terminator II sprach, ein Honorar von 21.429 Dollar.
- Brad Pitt und Edward Norton trainierten in Vorbereitung auf den Film "Fight Club" Boxen, Taekwondo und verschiedene Griffe. Außerdem hat sich Brad Pitt beim Training einen Zahn ausgeschlagen, um glaubwürdiger zu wirken.
- Alle Telefonnummern, die in neueren Hollywood-Filmen gezeigt und gewählt wurden, beginnen mit den Ziffern 555. Es handelt sich dabei um eine Art Sicherheitscode, so dass in einem Film eine bestimmte vorhandene Telefonnummer nie versehentlich getroffen wird.
- Im ersten Teil von "Hangover" verliert Stu einen Zahn. Sein Fehlen ist jedoch nicht auf Spezialeffekte zurückzuführen. Ed Helms hat eigentlich keine Schneidezähne, und so nahm er für die Dreharbeiten eine Prothese heraus.
- “Oben” war der erste 3D-Animationsfilm, der das Filmfestival von Cannes eröffnete.
- "Verblendung" wurde in Schweden während eines der kältesten Winter gedreht, die das Land je erlebt hat.
- In einer Szene des Films 'Jungfrau (40), männlich, sucht …' als Andy beschloss, sich enthaaren zu lassen, wurden fünf Kameras eingesetzt, und Steve Carell wurde tatsächlich die Haare auf seiner Brust los.

- Die meisten Rollen in den berühmten James-Bond-Abenteuern wurden von Sean Connery gespielt. Interessanterweise trug er bei den Dreharbeiten immer eine Perücke.
- "Avatar" ist der Film mit den höchsten Einspielergebnissen in der Geschichte des Kinos. Er ist auch einer der teuersten Filme aller Zeiten. Der Haushalt belief sich in diesem Fall auf 237 Millionen Dollar, bei geschätzten Einnahmen von mehr als 2 Milliarden Dollar.
- Der Schrei des Nazgul aus "Der Herr der Ringe" war in Wirklichkeit der aufgezeichnete Schrei von Peter Jacksons Frau, die an Heiserkeit litt.
- Jeder vierte Amerikaner war schon einmal im Fernsehen. Wenn auch nur für einen kurzen Moment und aus Versehen.
- Während der Streitwagen-Szene in "Ben Hur" ist in der Ferne ein kleines rotes Auto zu sehen.
- In dem Film "Pulp Fiction" sind alle Uhren auf 4:20 Uhr gestellt.
- Der Central Park in New York ist der meistgefilmte Ort der Welt.

FEIERTAGE

- Halloween ist nach Weihnachten der zweitbeliebteste Feiertag der Welt.
- Jingle Bells wurde für Thanksgiving geschrieben, nicht für Weihnachten. Das Lied wurde 1857 von James Lord Pierpont geschrieben und unter dem Titel „One Horse Open Sleigh" veröffentlicht.
- Das Bild des Weihnachtsmanns auf einem Schlitten wurde 1819 von Washington Irving geschaffen, demselben Autor, der den kopflosen Reiter erfunden hat.
- Der Osterhase hat nichts mit der christlichen Kultur zu tun. Der Hase stammt aus der heidnischen Zeit, wo er Fruchtbarkeit und Wohlstand symbolisierte.

- Der Weihnachtsmann war nicht immer rot gekleidet. Vor den 1930er Jahren gab es viele verschiedene Arten von Weihnachtsmännern in verschiedenen Farben. Einige sagen, dass das moderne Bild des Weihnachtsmanns von Coca-Cola geschaffen wurde, aber das ist nicht ganz richtig. Der ursprüngliche rote Weihnachtsmann wurde im 19. Jahrhundert aufgrund des Einflusses von Karikaturisten in den USA und Kanada populär.
- Die berühmtesten Ostereier der Welt sind Fabergé-Eier. Der Beginn der Geschichte dieser Ostereier geht auf das Russland des 19. Jahrhunderts und den Zarenhof zurück. Sie wurden aus äußerst kostbaren Materialien wie Silber, Gold, Elfenbein oder Perlmutt hergestellt.
- Ausgehöhlte Kürbisse sind eine alte Tradition, die ihren Ursprung in Irland, Schottland und England hat, wo die Menschen bedrohliche Minen in das Gemüse schnitzten und Kerzen in die ausgehöhlte Mitte stellten, um umherwandernde Geister abzuwehren. Die Verwendung von Kürbissen ist ein amerikanischer Beitrag zu dieser Tradition. Die ersten Laternen wurden aus Rüben, Steckrüben, Kartoffeln und Rüben hergestellt.
- 1640 schaffte Schottland das Weihnachtsfest ab, bis es 1958 ein gesetzlicher Feiertag wurde.
- 2010, während der Weihnachtszeit, schmückte die kolumbianische Regierung den Dschungel mit Lichtern. Die Bäume fingen Feuer.
- Einige Zoos sammeln Weihnachtsbäume ein und verwenden sie als Futter für die Tiere.
- Jeder dritte Mann wartet mit Weihnachtseinkäufen bis Heiligabend.
- Laut Polizeistatistik ist Silvester der Tag, an dem die meisten Autodiebstähle stattfinden. Denn die meisten Menschen geben dann das Autofahren auf und verbringen Silvester weit weg von zu Hause, was Dieben die Chance gibt, erfolgreich zu stehlen.

- Während des Zweiten Weltkriegs wurde der Brauch, Süßes oder Saures zu geben, in vielen Ländern eingestellt.

INTERESSANTE FAKTEN ÜBER DEUTSCHLAND

- Der Weihnachtsbaum hat seinen Ursprung in Deutschland.
- Deutschland hat die größte Anzahl von Zoos in Europa. Es gibt genau 302 davon.
- Das erste Auto, das als vollwertiger Personenwagen bezeichnet werden kann, wurde in der zweiten Hälfte des 19. Jahrhunderts in Deutschland entwickelt.
- In Deutschland werden mehr als 1.500 Wurstsorten und 300 Brotsorten hergestellt.

- In Bayern gilt Bier offiziell als „Lebensmittel“ und nicht als Getränk.
- Im Jahr 1914, während des Ersten Weltkriegs, fand in den Schützengräben zwischen den Briten und den Deutschen der berühmte Weihnachtsfrieden statt. Sie tauschten Geschenke im neutralen Niemandsland aus oder spielten gemeinsam Fußball.
- Berlin ist eine der drei größten Städte der Europäischen Union und sogar neunmal so groß wie Paris.
- Deutschland hat auch die höchste Kirche der Welt. Das ist das Ulmer Münster mit 161,5 Metern.
- An den meisten Altenheimen werden Bushaltestellenattrappen aufgestellt. Ältere Menschen, die zu fliehen versuchen, werden genau an dieser Stelle gefunden.
- 102 deutsche Bürger erhielten den Nobelpreis.
- Dort bringt eine Frau ihr erstes Kind auch im Alter von durchschnittlich 29 Jahren zur Welt.
- Deutschland grenzt an die meisten Länder Europas, nämlich an neun Nachbarländer. Dies sind Dänemark, Polen, die Tschechische Republik, Österreich, die Schweiz, Frankreich, Luxemburg, Belgien und die Niederlande.
- Die beliebten HARIBO-Fruchtgummis wurden 1920 von dem deutschen Konditor Hans Riegel kreiert, dessen Firmenname sich aus den ersten beiden Buchstaben seines Vor- und Nachnamens sowie seiner Heimatstadt zusammensetzt: HAns RIegel BOnn.
- Über dem Göltzschtal in Sachsen befindet sich die Göltzschtalbrücke, die größte gemauerte Eisenbahnbrücke der Welt mit einer Länge von bis zu 574 m. Die Brücke wurde zwischen 1846 und 1851 unter Verwendung von mehr als 26 Millionen Ziegelsteinen gebaut.

- Die Lebenserwartung in diesem Land liegt bei etwa 80 Jahren. Frauen 83 Jahre Männer 78 Jahre.
- Das letzte Todesurteil wurde 1945 vollstreckt.
- Die älteste erhaltene Waffe wurde in Deutschland gefunden. Es handelt sich um einen Speer aus der Zeit vor etwa 400.000 Jahren.
- Jährlich werden hier mehr als 800 Tonnen Antibiotika für Tiere vermarktet. Das ist doppelt so viel wie beim Menschen.
- Deutschland ist das bevölkerungsreichste Mitglied der Europäischen Union mit über 83 Millionen Einwohnern.
- In Deutschland gibt es über 5.000 Biersorten.
- Deutschland ist das Land mit den meisten Fußballvereinen der Welt.
- Obwohl Burger eines der charakteristischsten Gerichte Amerikas sind, haben sie ihren Ursprung in der deutschen Stadt Hamburg (woher sie auch ihren Namen haben).
- Mit 2.302 Brücken ist Hamburg die Stadt mit den meisten Brücken der Welt, vor Venedig, Brügge und Amsterdam.
- Die Deutschen waren bekannte große Erfinder, hier wurde zum Beispiel das erste Auto gebaut, Aspirin hergestellt sowie die Presse erfunden, das Fahrrad, MP3 und die Bohrmaschine.
- 13 deutsche Universitäten gehören zu den Top 200 der Welt.
- Die mit 31 cm schmalste Straße der Welt befindet sich im süddeutschen Reutlingen.
- Zu Beginn des 19. Jahrhunderts erkannte das deutsche Recht an, dass „der natürliche Instinkt des Menschen“ darin besteht, frei sein zu wollen, sodass der Wunsch, aus dem Gefängnis zu fliehen, nicht strafbar ist. Diese Regel gilt jedoch nicht für Straftaten, die auf der Flucht begangen werden.

- Der Berliner Zoo ist der größte Zoo der Welt. Außerdem ist Deutschland mit 400 Zoos das Land mit den meisten Zoos der Welt.
- Es ist das einzige Land in Europa, in dem die Fahrer so schnell fahren können, wie sie wollen. Außer in der Nähe von Städten oder bei Baustellen. Insgesamt gilt auf 65 % der deutschen Autobahnabschnitte kein Tempolimit.
- 41 Objekte in Deutschland sind in die UNESCO-Welterbeliste aufgenommen.

ESSEN

- ☐ Der rote Farbstoff, der in Skittles verwendet wird, wird aus gekochten Käfern hergestellt.
- ☐ Kartoffeln können Wi-Fi-Signale absorbieren und reflektieren.
- ☐ Jede Banane, die Sie essen, ist ein Klon.
- ☐ Die Gelees und Obstwagen sind mit der gleichen Art von Wachs beschichtet.
- ☐ Honig verdirbt nie.
- ☐ Chilischoten enthalten eine Chemikalie, die ein brennendes Gefühl im Mund hervorruft.
- ☐ Erdnussbutter, die einen hohen Anteil der Aminosäure Tryptophan enthält, erleichtert das Einschlafen und verbessert die Stimmung.

- In den letzten zwei Jahrzehnten ist der Fastfood-Konsum in Amerika um 233 % gestiegen. Im Laufe seines Lebens gibt der Durchschnittsamerikaner etwa 20.000 Dollar für Junk-Food aus, und das beliebteste Gericht sind Chips.
- In einem McDonald's-Restaurant werden pro Sekunde etwa 75 Burger verkauft.
- Das beliebte Getränk Coca-Cola wäre ohne die darin enthaltenen Farbstoffe grün. Das Getränk ist so beliebt, dass an einem Tag weltweit rund 600 Millionen Dosen konsumiert werden.
- Der durchschnittliche Mensch verzehrt jährlich 680 Kilogramm Lebensmittel.
- Eine Tasse Kaffee enthält mehr als tausend chemische Verbindungen. Gleichzeitig ist der Geruch von Kaffee der bekannteste Geruch von Lebensmitteln auf der Welt.
- Die Tomate galt im 16. Jahrhundert als giftig und wurde daher als Zierpflanze angebaut. Zurzeit sind weltweit 20.000 Sorten dieses Gemüses bekannt.
- Schwarzer Pfeffer galt im Mittelalter als Luxusgut und nur wenige konnten ihn sich leisten.
- Jeder dritte Erwachsene glaubt, an einer Laktoseintoleranz zu leiden, aber nur weniger als 2 % leiden an einer Nahrungsmittelunverträglichkeit.
- Eier, die im Kühlschrank aufbewahrt werden, bleiben eine Woche lang frisch, während sie bei Zimmertemperatur innerhalb eines Tages an Frische verlieren.
- Eine grüne Banane enthält nur 3 % Zucker, während eine sehr reife Banane bis zu 20 % enthält.
- Bevor Christoph Kolumbus Amerika entdeckte, verwendeten die Azteken und Mayas Kakaobohnen als Zahlungsmittel. Er war ein hochgeschätztes Getränk und sein Konsum galt als Luxus.

- Weiße Schokolade ist eigentlich keine Schokolade. Das Produkt enthält Kakaobutter, aber kein Kakaopulver, sodass es technisch gesehen nicht als Schokolade gilt.
- Bunte Paprika und ihr Geheimnis. Grüne, gelbe und rote Paprika sind eigentlich... das gleiche Gemüse, nur in einem anderen Entwicklungsstadium.
- Äpfel statt Kaffee. Wie sich herausgestellt hat, müssen Sie Ihren Tag nicht mit einer Tasse Kaffee beginnen, um einen Energieschub zu bekommen. Einfach einen Apfel essen - eine gesunde und leckere Alternative.
- Die Gurke besteht zu 96% aus Wasser!
- In der Zeit, als es noch keine Kühlschränke gab, war Salz sehr wertvoll, da es in großen Mengen zur Konservierung von Lebensmitteln verwendet wurde. Heute ist er vor allem ein Gewürz.
- Salz hat die Fähigkeit, Wasser im Körper zu binden. Aus diesem Grund verlieren übergewichtige Menschen, die den Salzgehalt in ihrer Nahrung einschränken, schnell ihre Pfunde. Das angesammelte Wasser im Körper wird schließlich nicht durch Salz zurückgehalten.
- Himalayasalz gilt als das gesündeste Salz für den Menschen, da es keinen chemischen Reinigungsprozessen unterzogen wird. Die rosafarbenen Kristalle enthalten mehr Mineralien als jedes andere Salz, wie Eisen, Selen oder Zink.
- Salz ist ein natürlicher Bestandteil der Meere und war schon vor 250 Millionen Jahren vorhanden. Das trockene und heiße Klima führte zur Verdunstung von Wasser, und das Salz aus dem Meer verwandelte sich in Kristalle.
- Ein Ei braucht etwa 24 Stunden, um sich zu bilden, sodass eine Henne pro Jahr etwa 350 Eier legen kann.
- Die kleinsten Eier der Welt werden von einem Kolibri gelegt, die größten von einem Strauß. Die Eier eines Straußes wiegen etwa 2 kg.

MIT SPRACHEN IST MAN ÜBERALL ZU HAUSE

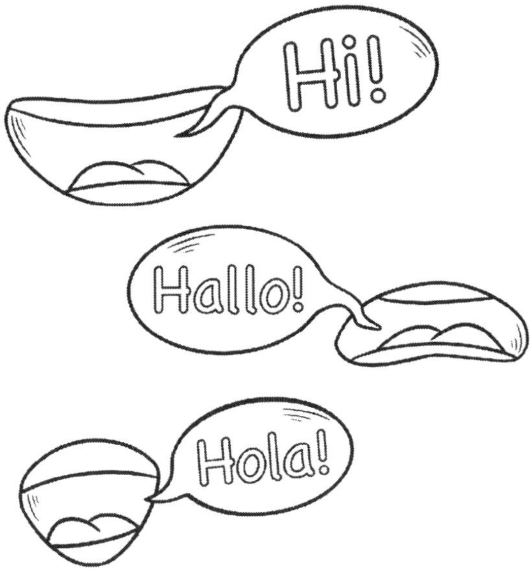

- Heute sprechen die Menschen auf der Welt rund 7.000 verschiedene Sprachen, von denen etwa 840 in nur einem Land - Papua-Neuguinea - gesprochen werden. An zweiter Stelle steht Indonesien mit mehr als 700 Sprachen und an dritter Stelle Nigeria mit mehr als 530 dort gesprochenen Sprachen.
- Khmer ist das längste Alphabet. Khmer verwendet ein Alphabet mit 74 Buchstaben.
- Wie viele Sprachen gibt es auf der Welt? Verschiedenen Quellen zufolge zwischen 2.500 und 6.500.

- 60 % der Weltbevölkerung sprechen 50 Sprachen.
- Bis zum Jahr 2100 wird ein Großteil der heute gesprochenen Sprachen verschwunden sein.
- 96 % der Sprachen werden von nur 3 % der Weltbevölkerung gesprochen.
- Schätzungen zufolge werden die USA im Jahr 2050 das Land mit der höchsten Zahl an Spanischsprechern sein.
- Hindi wird von weniger als der Hälfte der Inder gesprochen.
- Japanisch wird von 130 Millionen Menschen gesprochen. Es enthält viele Entlehnungen aus anderen Sprachen, vor allem aus dem Chinesischen. Sie gilt als eine der schwierigsten Sprachen.
- Die größte Anzahl von Menschen benutzt die chinesische Sprache - 2 Milliarden. Die Sprache Hindi wird von 450 Millionen Menschen gesprochen. Erst an dritter Stelle steht Spanisch.
- Auf der Insel Papua-Neuguinea werden 800 Sprachen gesprochen, das sind 15 % aller Sprachen der Welt.
- Die Schweizer Hymne hat 4 offizielle Sprachversionen.
- Die am leichtesten zu erlernende Sprache unter Englischsprachigen ist Friesisch.
- Die Gebärdensprache ist eine der offiziellen Sprachen Neuseelands.
- Gebärdensprache seit 1974 г, hat ihre eigene schriftliche Version. Ein Jahr zuvor wurde das Zeichensystem vereinheitlicht, um es für alle Menschen in allen Ländern verständlich zu machen.
- Die Afrikaner kommunizieren in ca. 2200 Sprachen
- Es gibt 11 offizielle Sprachen in Südafrika.

- In Afrika sprechen mehr Menschen täglich Französisch als in Frankreich
- In den USA gibt es 24 Dialekte des Englischen, weltweit mehr als 125
- Das erste englische Wörterbuch wurde im Jahr 1755 gedruckt.
- Unter Wissenschaftlern ist Deutsch nach Englisch die am zweithäufigsten gesprochene Sprache.
- 12 % der Google-Suchanfragen sind auf Deutsch.
- Das Khmer-Alphabet besteht aus 74 Buchstaben.
- Im Chinesischen werden mehr als 40.000 Zeichen (Buchstaben) verwendet. Um eine Zeitung zu lesen und alles zu verstehen, müssen Sie nur 2.000 Zeichen kennen
- Das kyrillische Alphabet hat seinen Ursprung nicht in Russland, sondern in Bulgarien.
- Das Alphabet der Rotokas-Sprache besteht aus 12 Buchstaben.
- 11 % aller in der englischen Sprache verwendeten Buchstaben sind der Buchstabe E.
- Der Vokal 'o* wird im Französischen auf 13 Arten ausgesprochen (und geschrieben).
- Alle japanischen Wörter, die nicht auf einen Vokal enden, enden mit dem Buchstaben N.
- Das Wort "Selfie" stammt ursprünglich aus Australien, und zwar aus dem Jahr 2002.
- In den allermeisten Sprachen beginnt das Wort "Mama" mit dem Buchstaben M.

- ☐ Das japanische Wort Karaoke bedeutet: ein leeres Orchester.
- ☐ In der Piraha-Sprache, die von den Piraha-Indianern in Brasilien gesprochen wird, gibt es keine Ziffern. Es gibt nur Begriffe: viel und wenig.
- ☐ Im Italienischen gibt es nicht weniger als 15 Bezeichnungen für Zuciakaugummi.
- ☐ Jedes Jahr werden 4.000 neue Wörter in englische Wörterbücher aufgenommen.
- ☐ William Shakespeare hat seinen Beitrag zur englischen Sprache geleistet. Daraus sind Wörter wie Manager, einsam, Geburtsort, Turtul entstanden.
- ☐ Das englische Wort goodbye stammt aus dem Angelsächsischen: God be with ye (mit Gott dem Herrn).
- ☐ Das erste Wort, das auf dem Mond benutzt wurde, war: OK
- ☐ Alle 14 Tage stirbt ein Dialekt einer Sprache auf der Welt

WORAN DENKEN SIE GERADE?

- Du nimmst nicht das letzte Stück Pizza oder den letzten Donut, weil du glaubst, dass du nicht das Recht dazu hast. Experten bezeichnen dieses Phänomen als Diffusion von Ansprüchen.

- Vergessen ist ein Zeichen für hohe Intelligenz. Forscher sagen, dass das Vergessen genauso wichtig ist wie das Erinnern. "Schlechtes Gedächtnis" ist ein Mechanismus, um mehr Platz für relevantere Informationen in Ihrem Gehirn zu schaffen. Dadurch wird verhindert, dass Ihr Gehirn Platz und Energie für weniger wichtige Informationen verschwendet.

- Sie imitieren die Personen, mit denen Sie am häufigsten in Kontakt kommen, manchmal sogar ohne es zu merken. Jemanden zu imitieren kann dazu führen, dass die Person dich mehr mag. Dies wird als Chamäleon-Effekt bezeichnet. Dies kann das Kopieren der Mimik einer Person sowie von Sprachmustern oder Akzenten beinhalten.

- Wahrscheinlich liebst du immer noch die Musik, die du in der Highschool am meisten gehört hast. Die Musik, die Ihnen am besten gefällt, fördert die Produktion von Dopamin und anderen "Wohlfühl-Hormonen". Zwischen dem 12. und 22. Lebensjahr scheint alles wichtiger zu sein, weshalb dieser Zeitraum unser späteres Leben so stark beeinflusst. Das gilt auch für den Musikgeschmack.

- Man ist kreativer, wenn man die Probleme anderer löst, nicht die eigenen ... das Denken für andere Menschen verbessert die Problemlösungsfähigkeit und beseitigt sogar persönliche/emotionale Kreativitätshindernisse.

- Das Gehirn neigt dazu, unsere Erinnerungen an Gespräche mit Menschen, die wir extrem langweilig fanden, zu färben.

- Heutzutage leidet ein durchschnittlicher Student unter dem gleichen Maß an Angst, wie ein durchschnittlicher Patient einer psychiatrischen Klinik im Jahr 1950.

- Untersuchungen an Komikern und Comedy-Schauspielern haben ergeben, dass sie häufiger an Depressionen leiden als der Durchschnitt der Bevölkerung.

- Die tödlichste Krankheit der menschlichen Psyche ist die Magersucht. Man schätzt, dass zwischen 5 und 20 % der Betroffenen sterben.

- Es gibt in der Geschichte keinen einzigen Fall, in dem eine Person, die von Geburt an blind war, eine Schizophrenie entwickelt hat.

- Das Paris-Syndrom ist ein Leiden, das bei Touristen (vor allem aus Japan) auftritt, die angesichts der enormen Diskrepanz zwischen dem, wie Paris aussieht, und dem, wie sie es sich vorgestellt haben, große Verzweiflung empfinden.

- Umfragen von Psychologen zeigen, dass sich mehr als 90 % der Menschen in irgendeinem Bereich ihres Lebens als Perfektionisten betrachten.

- Es gibt ein Gen, das von Geburt an eine negative Einstellung zum Leben bestimmt.
- 1 von 5 Franzosen hat in seinem Leben eine Depression erlebt. Dies ist der höchste seiner Art in der Welt.
- Aus der Sicht der Hirnbiochemie ist der Zustand des Verliebtseins nicht von einer Zwangsstörung zu unterscheiden.
- Es gibt etwa 400 verschiedene Phobien.
- Die letzte Person, an die du denkst, bevor du zu Bett gehst, ist entweder die Ursache deines Glücks oder deines Schmerzes.
- Ihr Gehirn behandelt Ablehnung wie körperlichen Schmerz.
- Essen schmeckt besser, wenn jemand anderes es zubereitet. Eine in der Fachzeitschrift Science veröffentlichte Studie ergab, dass man, wenn man sich selbst eine Mahlzeit zubereitet, solange damit beschäftigt ist, dass man sich nicht so wohlfühlt, wenn jemand anderes das Essen zubereitet.
- Umarmen vertreibt Depressionen, lindert Ängste und stärkt das Immunsystem.
- Das Verstecken des Daumens hinter allen Fingern ist ein Zeichen von Nervosität und zeigt an, dass die Person in der Gruppe unbemerkt bleiben möchte.
- Frauen bevorzugen im Allgemeinen Männer mit tiefer Stimme, weil sie selbstbewusster und weniger aggressiv wirken.
- Die Menschen neigen dazu, nach Dingen zu suchen, die das bestätigen, was sie bereits glauben. Diese Tendenz, Bestätigung zu suchen, führt manchmal dazu, dass wir Informationen vermeiden, die unsere Denkweise über die Welt infrage stellen.
- 80 % der Menschen würden ihren Namen schreiben, wenn sie gebeten würden, etwas mit einem neuen Stift zu schreiben.

- Wenn jemand über einen unbedeutenden Witz lacht, kann es sein, dass er unter Einsamkeit leidet.
- Man schätzt, dass von den Tausenden von Gedanken, die ein Mensch täglich hat, 70 % dieser geistigen Energie negativ sind.
- Es dauert nur 6 Sekunden, bis man jemandem begegnet, und dann hat man einen ersten Eindruck von ihm.
- Oft zeigt die Gleichgültigkeit eines Menschen, dass er sich große Sorgen macht, die er nicht zum Ausdruck bringen will.
- Wenn du negative Gedanken aufschreibst und sie wie Müll wegwirfst, wird sich deine Stimmung verbessern.
- In 90 % der Fälle sind Menschen, die schlampig schreiben, kreativer als der Durchschnittsmensch.
- Orange hilft nachweislich, Ängste abzubauen. Aus diesem Grund empfehlen Ärzte, vor der Arbeit eine Orange zu essen.
- Das von Pflanzen umgebene Gehirn setzt bestimmte Chemikalien frei, die die Denkleistung des Gehirns erhöhen. Daher ist das Spazierengehen im Garten Teil einiger psychiatrischer Behandlungen.
- 8 positive Aussagen schließen negative Aussagen aus.
- Wenn eine Frau dich mag, wird sie mit ihren Haaren spielen, während sie mit dir spricht.
- Man stirbt selten im Traum, und wenn man im Traum stirbt, hat man etwas Neues im Leben begonnen.
- Phobien können Erinnerungen sein, die von Generation zu Generation in der DNA weitergegeben werden.

REISEN BILDET

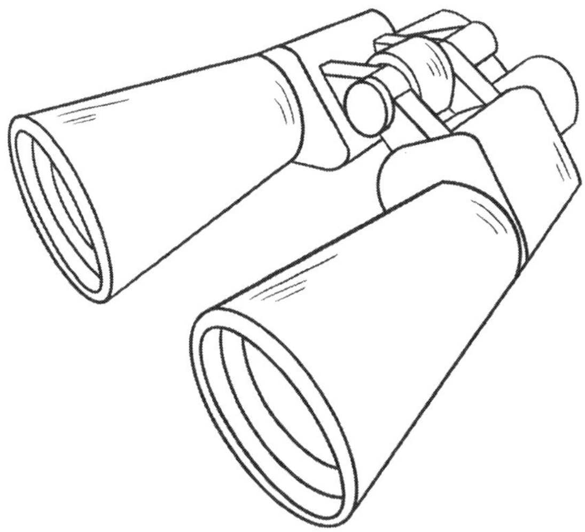

- In Neapel zollen mehr als 90 Prozent der Gastronomen und Dienstleister der neapolitanischen Mafia Tribut. Touristen müssen jedoch nicht um ihre Sicherheit fürchten. Die Mitglieder der Mafia sehen, dass die Stadt hauptsächlich vom Tourismus lebt.
- Eine der berühmtesten Delikatessen, die Touristen in Island probieren, ist fermentiertes Haifischfleisch, das so stark stinkt, dass es verboten ist, es in geschlossenen Räumen zu essen.
- Der größte Flughafen der Welt befindet sich in Atlanta. Der Flughafen Hartsfield-Jackson wird als das Tor bezeichnet, das die Vereinigten Staaten mit dem Rest der Welt verbindet.

- Der Flughafen London Stansted ist so groß, dass Züge zwischen den Terminals verkehren. Auf dem Frankfurter Flughafen wurden dagegen Bänder für den Transport von Passagieren mitsamt ihrem Gepäck eingerichtet.
- Bei Reisen in viele afrikanische Länder sollten Europäer es vermeiden, Leitungswasser zu trinken oder gar Obst und Gemüse zu essen, das damit gespült werden könnte. Das liegt daran, dass wir nicht immun gegen die vorhandenen Bakterien sind.
- Jüngsten Studien zufolge ist die Lebenserwartung einer Person, die nur selten oder gar nicht in den Urlaub fährt, kürzer als die einer Person, die an Alkoholismus leidet.
- In den Niederlanden ist eines der ungewöhnlichsten Hotels entstanden - ein Hotel in einem Gefängnis. Dieses Luxushotel war in einem der härtesten Gefängnisse untergebracht. Die verschiedenen Zellen wurden in Zimmer umgewandelt, die man mieten kann - interessanterweise werden Zimmer mit unterschiedlichem Standard angeboten. Diese Zimmer sind jedoch komfortabel und mit bestimmten
- In Norwegen gibt es das Kirkenes Snowhotel - ein Hotel aus Eis und Schnee. Das Hotel ist wirklich einzigartig und nur etwas für Menschen, die niedrige Temperaturen mögen. Wenn es draußen um die -30 Grad hat, ist die Temperatur im Hotel -5. Alles im Hotel ist aus Schnee und Eis, die Wände, Böden, Zimmer und sogar die Betten, die mit bequemen Matratzen ausgestattet sind. Das Hotel ist sehr komfortabel, wenn auch sehr speziell. Außerdem gibt es hier keine Türen, sondern nur Vorhänge, durch die die Luft frei zirkulieren kann.
- Das Poseidon Hotel vor der Küste der Fidschi-Inseln ist das erste Hotel der Welt, das sich unter Wasser befindet, genauer gesagt unter Wasser: 12 Meter unter der Wasseroberfläche. Das Hotel ist sehr luxuriös und bietet jeglichen Komfort. Außerdem gibt es Restaurants, Bars, Geschäfte und sogar eine Hochzeitskapelle. Das Hotel ist so gestaltet, dass es den Eindruck einer Kleinstadt vermittelt.

- Das Jumbo Hotel in Stockholm ist ein Hotel, das in einem Flugzeug untergebracht ist, genauer gesagt in einer Boeing 747-200. Dieses ungewöhnliche Hotel verfügt über 25 Zimmer, Bäder und ein Café. Die Zimmer sind sehr komfortabel und mit verschiedenen zusätzlichen Annehmlichkeiten ausgestattet, z. B. mit Fernsehern oder Wi-Fi.

- Das Hotel Tayka de Sal befindet sich in Bolivien, in der Wüste Salar de Uyuni. Es handelt sich um ein Hotel, das vollständig aus Salz besteht, das in dieser Wüste tatsächlich reichlich vorhanden ist. Das Gebäude, die Zimmer und das Mobiliar sind aus Salz, und es gibt sogar Salzteppiche. Die gesamte Anlage wird mit Solarenergie beheizt.

- Informieren Sie sich über die Einzelheiten des längsten Passagierfluges der Welt. Wie lang ist der längste Flug mit einem Flugzeug? Über 18 Stunden. Die Maschine hebt in Singapur ab und landet in New York.

- Der kürzeste Flug mit einer Fluggesellschaft führt von der schottischen Insel Westray nach Papa Westray, wobei der Flug etwa zwei Minuten dauert.Der Preis für einen einfachen Flug beträgt 17 Pfund und ist damit, gemessen am Kilometerpreis, der teuerste der Welt. Eine Alternative zu einer blitzschnellen Flugreise ist eine 20-minütige Bootsfahrt durch raue Gewässer.

- Die meisten Hotels befinden sich in Las Vegas (obwohl Paris die meistbesuchte Stadt der Welt ist).

- Piloten essen im Flugzeug nie das gleiche Essen. Dies hängt mit der Möglichkeit einer Lebensmittelvergiftung zusammen.

- Der sicherste Sitzplatz im Flugzeug ist in den letzten Reihen.

- Mithilfe von Reisebüros können wir eine 30-tägige Reise um die Welt machen. Diese Route führt über vier Kontinente und durch sechs Länder.

- Welches Land gibt das meiste Geld für Reisen aus? China! Allein im Jahr 2013 haben chinesische Bürgerinnen und Bürger 128,6 Milliarden USD beigesteuert. An zweiter Stelle der Rangliste stehen die Vereinigten Staaten mit Ausgaben in Höhe von 86,2 Milliarden USD, während der dritte Platz an Deutschland geht, das 85,9 Milliarden USD für Reisen ausgab.
- Während einer Flugreise sind der Geruchs und der Geschmackssinn um 20 bis 50 % beeinträchtigt.
- In Japan befindet sich das älteste Hotel der Welt: es empfängt seit 705 Gäste.
- Paradoxerweise sprechen in Afrika viel mehr Menschen Französisch als in Frankreich. Dort wird die Sprache von mehr als 400 Millionen Menschen gesprochen, in Frankreich sind es mehr als 60 Millionen.

LINKSHÄNDER

- Die Verbindungen zwischen der linken und der rechten Gehirnhälfte sind bei Linkshändern schneller.
- Für Linkshänder ist es einfacher, beide Gehirnhälften zu benutzen.
- Bis zu 10 % der Bevölkerung können ihre linke Hand besser benutzen als die rechte.
- Linkshänder sind besser in Sportarten als Golf, Schwimmen, Boxen und Tennis.
- Mehr als 40 Prozent der besten Tennisspieler der Welt sind Linkshänder.

- Linkshänder gewöhnen sich im Vergleich zu Rechtshändern schneller an das Sehen unter Wasser.
- Linkshänder reifen in der Regel später - bis zu 5 Monate - als Rechtshänder.
- Linkshänder verarbeiten Gefühle anders als Rechtshänder und regen sich schneller auf.
- Linkshänder sind kreativer.
- Linkshänder sind in den Bereichen Mathematik, Architektur und räumliches Vorstellungsvermögen begabter, während Rechtshänder über ausgeprägtere sprachliche Fähigkeiten verfügen.
- Linkshänder leiden häufiger an Schlaflosigkeit.
- Im Falle einer Verletzung der dominanten Hand lernen Linkshänder im Vergleich zu Rechtshändern schneller, die andere Hand zu benutzen.
- Linkshänder sind anfälliger für Allergien und Asthma.
- Die Migräne betrifft statistisch gesehen häufiger Linkshänder.
- Schizophrenie tritt, wie andere psychische Erkrankungen auch, eher bei Linkshändern auf.
- Linkshänderinnen haben ein höheres Risiko, an Brustkrebs zu erkranken.
- Alkoholismus ist die Domäne der Linkshänder.
- Sowohl die Linkshändigkeit als auch die Rechtshändigkeit sind bis zu einem gewissen Grad erblich bedingt.
- Linkshänder sind angriffslustiger und emotional kühler.
- Linkshänder hören besser.
- Linkshänder sind nervöser, werden schneller gereizt und wütend.

- Linkshänder haben eher ein geringes Selbstwertgefühl.
- Linkshänder sind die besseren Fahrer, auch wenn die Autos in der Regel für Rechtshänder angepasst sind.
- Linkshänder haben einen höheren IQ.
- Vor langer Zeit wurde die Linkshändigkeit Hexen und Zauberern zugeschrieben.
- In der Antike wurde die Linkshändigkeit als Geschenk der Götter angesehen.
- Menschen, die im Zeichen der Zwillinge stehen, sind eher Linkshänder.
- Frühgeborene Babys sind mit größerer Wahrscheinlichkeit Linkshänder.
- Kinder von Frauen, die während der Schwangerschaft starkem Stress ausgesetzt waren, sind mit größerer Wahrscheinlichkeit Linkshänder.
- Linkshänder verdienen im Durchschnitt zwischen 9 und 19 Prozent weniger als Rechtshänder in den gleichen Berufen.
- Berühmte Linkshänder sind unter anderem Leonardo Da Vinci, Marilyn Monroe, Lewis Caroll, David Bowie, Kurt Cobain, Jimmi Hendrix, Julius Caesar, Neil Armstrong, Winston Churchill, Barack Obama, Bill Clinton, Napoleon Bonaparte und Bart Simpson.

BERÜHMTE PERSÖNLICHKEITEN

- Natalie Portman hat ihren Bachelor-Abschluss in Harvard gemacht, während sie Szenen für den "Star Wars"-Film drehte.
- Cristiano Ronaldo hat sein eigenes Museum eröffnet. Die Besucher können mehr als 130 Artefakte aus der bewegten Karriere eines der besten Fußballspieler der Welt besichtigen.
- Danny DeVito und Rhea Pearlman, die in "Matilda" die Familie Wormwood spielte, sind privat verheiratet.
- Die berühmten Schwestern Dakota und Elle Fanning sind entfernte Cousinen von Kate Middleton, der Herzogin von Cambridge.

- Elvis Presleys natürliche Haarfarbe ist blond, niemand kann sich erklären, warum er es dunkel gefärbt hat.
- Kim Kardashian besuchte die gleiche Schule wie Paris Hilton.
- Nicolas Cage ist eigentlich Nocolas Kim Coppola. Der fiktive Name inspirierte den Schauspieler durch eine bestimmte Comicfigur.
- Steve Jobs hat nie eine Universitätsausbildung erhalten.
- Die Mutter von Justin Timberlake war der gesetzliche Vormund des berühmten Schauspielers Ryan Gosling während der Dreharbeiten zu den Episoden des "Mickey Mouse Club".
- Das ikonische Foto von Marilyn Monroe, auf dem ihr weißes Kleid von einer Böe angehoben wird, wurde während der Dreharbeiten zu "Das verflixte 7. Jahr" aufgenommen. Das Kleid auf dem Foto wurde bei einer Auktion für 4,6 Millionen Dollar verkauft.
- Snoop Doog, der berühmte Cannabis-Raucher, hat beschlossen, eine Person zu engagieren, die Joints für ihn rollt, weil er - wie er sagte - keine Zeit dafür hat. Das Gehalt für den Angestellten beträgt 50.000 Dollar pro Jahr.
- Die Autorin und Moderatorin der beliebten Fernsehsendung "The Oprah Winfrey Show" Oprah Winfrey gilt heute als eine der reichsten und einflussreichsten Frauen der Welt. Seit 2005 ist sie mehrmals auf der renommierten Liste der reichsten Frauen der Welt des Magazins Forbes erschienen.
- Zu Beginn seiner Karriere bewarb sich DiCaprio auch für eine Rolle in der berühmten Serie "Baywatch – Die Rettungsschwimmer von Malibu". Er erhielt jedoch keine Rolle, weil festgestellt wurde, dass er ... zu wenig Muskeln hatte.
- Jeff Bezos ist der Eigentümer der populären Zeitung The Washington Post.

- Wahrscheinlich wissen nur wenige Menschen, dass Elvis Presley während seines Militärdienstes in Deutschland Karatetricks erlernte. Einige der Bewegungen inspirierten ihn dazu, sie in seinen Tanzroutinen zu verwenden.
- In seiner Jugend war Tom Cruise Mitglied des Franziskaner-Seminars in der Stadt Cincinnati. Er wollte katholischer Priester werden. Im Jahr 1990 wurde er durch seine erste Frau Mimi Rogers stark in Scientology eingebunden. Seitdem ist er ein radikaler Botschafter der Scientology-Kirche.
- Brian May - Gitarrist der Band Quenn - machte seinen Abschluss in zwei Fächern mit Auszeichnung: Mathematik und Physik am Imperial College in London. Im Jahr 2007, kurz nach dem Ende seiner musikalischen Karriere, promovierte er in Astrophysik. Ihm wurde der Titel eines Ehrenrektors der Liverpool John Moore's University verliehen.
- Elon Musk kaufte seinen ersten Computer im Alter von 10 Jahren. Er lernte darauf zu programmieren und nur zwei Jahre später, im Alter von 12 Jahren, verkaufte er sein erstes Spiel mit dem Titel Blastar für 500 US-Dollar.
- Die junge Schauspielerin Leighton Meester wurde im Gefängnis geboren, während ihre Mutter eine Haftstrafe wegen Drogenhandels verbüßte.
- Die junge Schauspielerin Leighton Meester wurde im Gefängnis geboren, während ihre Mutter eine Haftstrafe wegen Drogenhandels verbüßte.
- Will Smiths richtiger Name ist Willard.
- Die berühmten Anti-Schwerkraft-Schuhe aus dem Musikvideo "Smooth Criminal" wurden von Michael Jackson selbst entworfen. Sie waren es, die es dem Sänger ermöglichten, die unnatürlich weite Körperhaltung einzunehmen, die wir im Musikvideo sehen konnten. Die Schuhe wurden offiziell patentiert.
- Keanu Reeves hat seinen Gewinnanteil aus "Matrix" verwendet, um ein Motorrad für alle Stuntmen des Films zu kaufen.

- Michael Jordan verdient mit seinem Nike-Vertrag mehr Geld als alle Nike-Fabrikarbeiter in Malaysia zusammen.
- Bevor er ein legendärer Bodybuilder und weltberühmter Schauspieler wurde, war Arnold Schwarzenegger bereits ein erfolgreicher Geschäftsmann. Er begann seine Reise zum Millionär mit der Eröffnung eines Maurerunternehmens in Kalifornien.

MIMIK UND GESTIK

- Durch das Reiben der Hände drücken die Menschen positive Erwartungen aus. Der Knochenwerfer reibt die Knochen in seinen Händen, in der Erwartung zu gewinnen, der Ansager reibt seine Hände aneinander und sagt: "Wir freuen uns schon auf unseren nächsten Gast".

- Das Reiben des Daumens am Zeigefinger oder an den Fingerspitzen mehrerer Finger ist eine weit verbreitete Geste, um die Erwartung auszudrücken, Geld zu bekommen. Sie symbolisiert das Reiben einer Münze.

- Verschränken und Umklammern der Finger beider Hände. Eine Geste mit derartig geballten Händen zeigt Distanz, Angst oder Negativität an.
- Verschränkte und geballte, erhobene Hände deuten auf Frustration hin, selbst wenn die Person, die diese Geste macht, lächelt.
- Geballte, ineinander verschränkte Hände in der Mitte des Rumpfes/Unterkörpers. Forschungen zu dieser Geste haben ergeben, dass sie, wenn sie während einer Verhandlung ausgeführt wird, auf Frustration hinweist und darauf, dass jemand Ängste oder Negativität versteckt.
- Beim "Turm" werden die Finger beider Hände in einem leichten Winkel aneinandergelegt, um die Form eines Turms zu bilden. Diese Geste wird häufig in einer Beziehung zwischen Vorgesetzten und Untergebenen verwendet und drückt Entschlossenheit und Vertrauen aus.
- Stützen Sie das Kinn mit den Händen ab. Es handelt sich nicht um eine negative Geste, sondern um ein positives Signal, das beim Werben verwendet wird. Sie wird vor allem von Frauen und Homosexuellen verwendet, die die Aufmerksamkeit eines Mannes erregen wollen.
- Hände hinter dem Rücken halten. Diese Geste ist bei Staatsoberhäuptern und Mitgliedern königlicher Familien üblich und wird auch von Polizeibeamten, die auf der Straße patrouillieren, und Schulleitern, die auf dem Schulhof ihre Runden drehen, verwendet. Mit der Geste wird ein Gefühl der Überlegenheit, des Selbstbewusstseins und der Macht verbunden.
- Daumendarstellung - In der Chiromantie wird der Daumen mit Charakterstärke und Ego in Verbindung gebracht, und körpersprachliche Signale mit Daumen deuten auf Eitelkeit und Selbstgefälligkeit hin. Diese Finger werden benutzt, um Dominanz, Durchsetzungsvermögen und manchmal sogar Aggression zu zeigen.
- Das Kreuzen der Arme auf der Brust mit den Daumen nach außen und den Daumen nach oben ist eine weitere gängige Gestengruppe. Dies ist ein doppeltes

Signal: Es zeigt die Annahme einer defensiven Haltung oder einer negativen Einstellung (verschränkte Arme) und ein Gefühl der Überlegenheit an, das durch das Zeigen des Daumens nach oben ausgedrückt wird.

- Der Ausdruck von Emotionen mit dem Gesicht unterliegt, wie andere Arten von nonverbalen Signalen, der Kontrolle der rechten Gehirnhälfte. So spiegelt die linke Gesichtshälfte die Intensität der Emotionen besser wider.

- Mikroausdrücke sind Gesichtsausdrücke, die nur den Bruchteil einer Sekunde dauern. Sie gehen in der Regel dem Hauptgesichtsausdruck voraus. Mikroausdrücke verraten immer die wahren Gefühle. Mikroausdrücke lassen sich nur sehr schwer vollständig kontrollieren und sind auch schwer zu erkennen.

- Ein echtes Lächeln erkennt man daran, dass auch die Augen lachen.

- Charakteristisches Führen der Fingerspitzen über das Kinn in Richtung des Gesprächspartners (Handfläche zum Nacken). In Italien kann dies als Ausdruck der entspannten Haltung des Befragten gewertet werden, der sich im positiven Sinne nicht um das Problem kümmert. In Frankreich, Tunesien und nicht selten auch in Polen wird eine solche Geste jedoch verwendet, um Ressentiments oder sogar Aggressionen auszudrücken. Vor allem, wenn es schnell geht.

- Gekreuzte Finger - In den USA und im Vereinigten Königreich werden diese als Verstärkung von Glückwünschen verwendet, das Äquivalent zu unserem Daumen hoch. In Vietnam hingegen ist die Geste eine vulgäre Bezeichnung für weibliche Genitalien. Gegenüber jemandem gemacht wird, ist äußerst beleidigend.

- In der europäischen Tradition ist es eine positive Geste, die ihren Ursprung im alten Rom hat. Mit einem nach oben gerichteten Daumen drückten die römischen Herrscher ihren Wunsch aus, einen unterlegenen Gladiator zu begnadigen. Im Nahen Osten, in Westafrika, auf Sardinien, in Australien, auf den Philippinen und in vielen islamischen Ländern ist der Begriff hingegen höchst beleidigend und bedeutet in etwa "schieb's dir in den Arsch".

- Wenn jemand seinen Fuß auf Sie richtet, während er eine Geschichte mit vielen Leuten erzählt, sollte man davon ausgehen, dass er an Ihnen interessiert ist.
- Während eines Gesprächs mit einem bulgarischen Muttersprachler kann man feststellen, dass der Bulgare bei einer bejahenden Antwort mit dem Kopf von einer Seite zur anderen nickt und bei einer verneinenden Antwort den Kopf von oben nach unten neigt. Das heißt, das Gegenteil von dem, was sonst überall auf der Welt gemacht wird.

NIEMAND IST, WAS ER ZU SEIN SCHEINT

- Weibliche Psychopathen empfinden eher emotionale Empathie als männliche Psychopathen.
- Psychopathen sind im Allgemeinen weniger empfindlich gegenüber körperlichen Schmerzen, aber nicht immer.

- Sowohl primäre Psychopathie als auch sekundäre Psychopathie können nebeneinander bestehen, was bedeutet, dass man technisch gesehen sowohl ein Psychopath als auch ein Soziopath sein kann (in gewisser Weise).
- Psychopathische Züge können aufgrund des durchschnittlich niedrigeren Oxytocinspiegels in Blutproben nachgewiesen werden.
- Depressionen und Psychopathie können gemeinsam auftreten.
- In England werden bis zu 50 % aller Tötungen durch die Polizei Psychopathen zugeschrieben.
- Psychopathen erbringen in der Regel schlechte Leistungen in akademischen Bereichen, weil sie ihre Leidenschaft verlieren und sich langweilen.
- 93% aller Psychopathen haben eine antisoziale Persönlichkeitsstörung.
- Psychopathie ist vererbbar, aber in der Regel dauert es mehrere Generationen, bis sie in den Familienstammbaum zurückkehrt.
- Es wird geschätzt, dass die schwerste Form der Psychopathie nur 88 Psychopathen betroffen hat.
- Forscher haben auch die Sprachfunktion von Psychopathen untersucht. "Es stellte sich heraus, dass sie während der Studie langsamer waren als die Kontrollgruppe, wenn es darum ging, emotionsgeladene Wörter von völlig neutralen Wörtern wie Stuhl, Tisch usw. zu unterscheiden." Die Erforschung des Schuldbewusstseins von Psychopathen hat zu einigen interessanten Schlussfolgerungen geführt. Sie zeigten unter anderem, dass sie ein Problem damit haben, den Schuldigen für ein Ereignis in einer Geschichte zu benennen und damit ein moralisches Dilemma zu lösen.
- Psychopathen machen ein Prozent der Bevölkerung aus, 15 bis 20 Prozent der Gefängnisinsassen und 15 Prozent der Süchtigen.
- Die Forschung zeigt, dass Psychopathen ... eher in Städten als in Dörfern leben. Sie entscheiden sich für einen intensiven Lebensstil. Städte bieten ihnen bessere

Möglichkeiten, ihre nächsten Manipulationsopfer zu finden, bieten ihnen mehr Anonymität und ein geringeres Risiko, erkannt zu werden.

- Dieses Leiden wirkt sich nicht nur auf das Verhalten und die Denkweise, sondern auch auf die Physiologie aus. Psychopathen reagieren in geringerem Maße auf Stimulanzien als andere, d. h. sie haben ein niedrigeres physiologisches Erregungsniveau.
- Im November werden fast doppelt so viele Serienmörder geboren wie in jedem anderen Monat.
- In einer Studie von 2010 wurden 203 vielversprechende Manager, die sich derzeit in Management-Trainingsprogrammen befinden, der Psychopathie-Checkliste von Hare unterzogen. Ergebnisse? Bei 1 von 25 Regisseuren wurde festgestellt, dass es sich um ausgewachsene Psychopathen handelt. Das bedeutet, dass es unter Führungskräften viermal mehr Psychopathen gibt als in der Allgemeinbevölkerung.

MOBILTELEFONE

- Nomophobie ist die Angst, ohne Mobiltelefon zu sein.
- Jede Apple-Handy-Werbung zeigt eine Zeit von 9:41 an, die als erste bei der Ankündigung des Apple-Handys festgelegt wurde.
- Der alte Nokia-Ton "beep beep beep beep beep beep beep beep beep" steht für das Wort "SMS" im Morsecode.

- Handy-Werfen ist ein internationaler Sport. Die Idee wurde im Jahr 2000 in Finnland geboren. Der Rekordhalter ist Dries Feremans, der im Jahr 2014 110,42 Meter erreichte. Seine Leistung ist im Guinness-Buch der Rekorde verzeichnet.
- Die durchschnittliche Person entsperrt ihr Mobiltelefon mindestens 110 Mal pro Tag ohne jeglichen Grund.
- 5,22 Milliarden Menschen benutzen derzeit ein Mobiltelefon, was 66,6 % der Weltbevölkerung entspricht.
- 1 Tonne Mobiltelefonabfälle enthält deutlich mehr Gold als eine Tonne Golderz.
- Das Motorola DynaTAC, dessen Erfinder Martin Cooper war, gilt als der Prototyp des Mobiltelefons. Er wog fast 2 Kilogramm. Die Premiere des ersten Mobiltelefons fand im Jahr 1983 statt. Es kostete fast 4.000 Dollar und wurde in 12.000 Exemplaren verkauft.
- Das erste Mobiltelefonat wurde am 3. April 1973 geführt. Der Erfinder der DynaTAC-Kamera von Motorola - Martin Cooper - rief einen Mitarbeiter der konkurrierenden Bell Labs, Joel Engel, an.
- Das erste Smartphone, das am 16. August 1994 auf den Markt kam, war das IBM Simon. Es hatte ein monochromes LCD-Display mit Hintergrundbeleuchtung.
- Die erste SMS wurde vom Ingenieur Neil Papworth am 3. Dezember 1992 verschickt. Der Inhalt der Textnachricht war "Frohe Weihnachten".
- Die meistverkauften Handys der Geschichte waren das Nokia 1 100 und das Nokia 1. Von beiden Modellen wurden bisher mehr als 250 Millionen Exemplare verkauft.
- Das teuerste Smartphone aller Zeiten ist das Falcon Supernova iPhone 6 Pink Diamond. Es kostet nur 48,5 Millionen Dollar.
- Der größte Mobilfunkbetreiber der Welt ist China Mobile. Seine Dienste werden von mehr als 600 Millionen Mobiltelefonbesitzern genutzt.

- Das beliebteste Betriebssystem ist Android. Es wird von mehr als 80 % der Smartphone-Besitzer genutzt.
- Auf der Oberfläche eines durchschnittlichen Smartphones befinden sich 18 Mal mehr Bakterien als auf dem Griff einer öffentlichen Toilette.
- Mobiltelefone verfügen über mehr Rechenleistung als die Computer, die bei der Apollo-11-Mission eingesetzt wurden.
- Handys sind weiter verbreitet als ... Toiletten. In Afrika haben mehr Menschen Zugang zu Mobiltelefonen als zu Trinkwasser und Strom.
- Laut Zahlen aus dem Jahr 2015 starben mehr Menschen bei der Aufnahme eines Selfies als durch einen Haiangriff.
- Die Benutzung von Mobiltelefonen vor dem Schlafengehen kann zu Schlafproblemen führen und den Schlaf flacher machen.
- Ein Smombie ist eine Smartphone-Sucht. Es steht für den Ausdruck: Smartphone-Zombie, d.h. ein Fußgänger, der sehr langsam geht, weil er ständig auf sein Handy schaut. Um Unfälle auf den Straßen zu vermeiden, wurden in China spezielle Fahrspuren für Smartphone-Nutzer eingeführt.
- Die Japaner lieben ihre Telefone und benutzen sie vor allem unter der Dusche. Aus diesem Grund sind bereits 90 % der Smartphones auf dem japanischen Markt wasserdicht.
- Smartphone-bezogene Technologie ist durch mehr als 250.000 Patente geschützt.
- Jedes Jahr fallen im Vereinigten Königreich mehr als 100.000 Handys in die Toilette.

KRYPTOWÄHRUNGEN

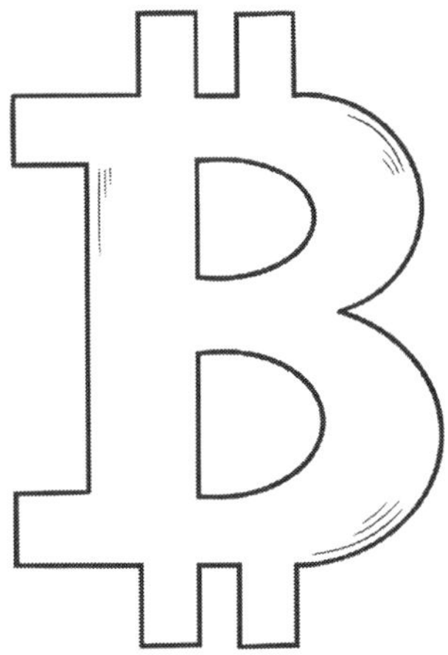

- Der Erfinder von Bitcoin heißt Satoshi Nakamoto. Niemand weiß, ob es sich um eine echte Identität, ein Pseudonym für eine Person oder eine Gruppe von Personen handelt.
- Die erste digitale Währungstransaktion wurde am 21. Januar 2009 durchgeführt. An diesem Tag überwies Satoshi Nakamoto 100 BTC an seinen Kollegen Hal Finney.
- Der im Vereinigten Königreich ansässige James Howels warf nach eigenen Angaben "versehentlich" die Festplatte weg, die den Schlüssel für das Konto einer Kryptowährungsbörse enthielt. In der elektronischen Brieftasche befinden sich zu diesem Zeitpunkt noch etwa 7.500 BTC. Der theoretische Wert der Deponie, auf der die Disc entsorgt wurde, beläuft sich also auf Hunderte von Millionen Dollar.

- BTC ist eine umstrittene Währung. Versuche, sie schnell in den Alltag einzuführen, stehen neben radikalen Verboten. Zum ersten Mal wurde 2018 in Thailand ein offizielles Kryptowährungsverbot verhängt. Sie wurde jedoch nach einiger Zeit wieder zurückgezogen.
- Die erste Hochschuleinrichtung, die Kryptowährungen als Zahlungsmittel für ihre Dienstleistungen akzeptiert, befindet sich nicht in den USA oder Europa. Dies ist die Universität von Zypern. In Russland war die erste Bildungseinrichtung mit einer Kryptowährungs-Zahlungsoption das St. Petersburger College für Regisseure und Drehbuchautoren.
- Trotz ihrer weiten Verbreitung halten 1.000 Menschen die Hälfte des weltweiten Kryptowährungsvolumens.
- Der aktive Abbau von digitalen Währungen (Mining) wurde 2020 wieder aufgenommen. Gleichzeitig werden nicht alle Vermögenswerte für Börsen- und Handelsgeschäfte verwendet. 64 % der geschürften Kryptowährung landet in den Geldbörsen von Minern, die es nicht eilig haben, sie zu verwenden. Und wenn Sie mit Kryptowährungen handeln wollen, dann beginnen Sie jetzt mit dem Handel.
- Vor neun Jahren gab der Programmierer Laszlo Hanech 10.000 Bitcoin für zwei Pizzen von Papa John's aus. Damals schien es ein gutes Geschäft zu sein, denn 10.000 BTC entsprachen 25 Dollar. Heute wären das fast 366 Millionen Dollar, und dieser Tag wird als Bitcoin Pizza Day (22. Mai) gefeiert.
- Die zweitbeliebteste Kryptowährung der Welt nach Bitcoin ist Ethereum. Die Plattform wurde im Jahr 2015 dank Vitalik Buterin veröffentlicht. Ein Programmierer russischer Herkunft, der 2013 die ersten Codezeilen für dieses Programm schrieb und selbst noch keine 27 Jahre alt war. Ethereum ist die zweite Kryptowährung mit einer Marktkapitalisierung von über 1 Milliarde US-Dollar und die erste Kryptowährung, die die Aufmerksamkeit großer Unternehmen wie IBM und Microsoft auf sich zieht und in die diese investieren.
- In Salvador ist das offizielle Zahlungsmittel neben dem US-Dollar der Bitcoin.

GELD MACHT GELD

- Die erste Münze der Welt war der Schekel. Vor der Verwendung geprägter Münzen wurden im Handel verschiedene Ersatzstoffe verwendet. Zahlungen erfolgten im Tauschhandel, und in einigen Teilen der Welt wurden... Muscheln als Zahlungsmittel verwendet. In Mesopotamien tauchten jedoch um 3.000 v. Chr. die ersten Münzen auf, die aus Bronze, Silber, Gold und Elektrum (einer Mischung aus Silber und Gold) geprägt wurden.
- Die Rillen auf den Münzen dienten dazu, sie vor Fälschern und Rohstoffdieben zu schützen. In der Kolonialzeit in den Vereinigten Staaten entsprach das Gewicht einer Münze dem Wert des für sie verwendeten Rohstoffs. Betrüger sägten die Ränder der Münzen an, um die Feilspäne aufzusammeln, die sich im Laufe der

Zeit in ausreichender Menge ansammelten, um sie zu schmelzen und eine neue Münze zu prägen. Die abgesägten Münzen waren etwas kleiner, aber bei aller Vorsicht konnten nur wenige Menschen das Vorgehen der Gauner erkennen. Um diese Praxis einzudämmen, begann man, die Münzen zu prägen, was die Arbeit der Fälscher erheblich erschwerte.

- Das erste Papiergeld erschien vor etwa 1 000 Jahren in China, während das erste europäische Papiergeld 1661 in Schweden ausgegeben wurde.
- Die Euro-Währung wurde am 1. Januar 1999 eingeführt, aber erst 2002 wurden die Euro-Banknoten und -Münzen in Umlauf gebracht.
- Im Jahr 2013 wurde die ukrainische Hrywnja zur schönsten Währung gewählt - sie gilt auch als die langlebigste und solideste.
- Die größte Banknote, die für den Umlauf zugelassen wurde, ist der 100.000 philippinische Peso - er ist über 35 cm lang und 20 cm breit.
- Die kleinste für den Umlauf zugelassene Banknote ist dagegen die 10 rumänische Bani - sie ist weniger als 4 cm lang und 3 cm breit.
- Wusstest du, dass Geld nicht nur aus Papier besteht? Zu den Rohstoffen, die für ihre Herstellung verwendet werden, gehören Kunststoff und Polymer. Interessanterweise wird Baumwolle auch zur Herstellung des US-Dollars verwendet.
- Die Luxemburger sind die sparsamste Gesellschaft: 89 % der Bürger geben an, dass sie Ersparnisse haben. Das Schlusslicht der Rangliste bildet Rumänien, wo nur 51 % der Bevölkerung angeben, regelmäßig Geld für schlechte Zeiten zurückzulegen.
- Die wertvollste Banknote ist 100 Millionen Pfund. Banknoten von solch gigantischem Wert gibt es wirklich. Sie dienen als Sicherheiten für Pfund, die in Nordirland und Schottland von den dortigen Banken ausgegeben werden. Bis heute wurden 4.000 Exemplare gedruckt.

- In den Vereinigten Staaten wurde eine Vorschrift eingeführt, die die Abbildung von lebenden Präsidenten auf Münzen verbietet.

- Monaco, San Marino und der Vatikan sind zwar keine Mitglieder der Europäischen Union, haben aber von der EU die Erlaubnis erhalten, den Euro als offizielle Währung zu verwenden und ihre eigenen Münzen zu prägen.

- Weltweit werden mehr als 170 verschiedene Währungen verwendet.

- Es ist selten, dass das Bild einer Frau auf einer Münze geprägt wird. Umso schockierender ist es, dass die erste Frau auf einer US-Münze Isabella, Königin von Spanien, und keine Amerikanerin war.

- Königin Elizabeth II. erschien auf 33 Banknoten verschiedener Länder! Vor ihr zierte nur ein Porträt von Octavia, der Frau von Mark Anton, die Banknoten.

- Die am häufigsten gefälschte Banknote ist der 20-Dollar-Schein. Die zweithöchste Stückelung ist 100 USD. In den USA gibt es immer noch die Todesstrafe für Angestellte der Federal Reserve Bank, die Geldfälschungen begehen.

- Da wir gerade beim Thema gefälschte Dollars sind: Es scheint, dass Nordkorea diese Kunst wirklich beherrscht. Gefälschte 50- und 100-Dollar-Noten werden hierzulande als "Superdollars" bezeichnet und ihre Erkennung erfordert den Einsatz spezieller Geräte. Im Jahr 2009 waren mehr als 45 Millionen gefälschte koreanische Dollar im Umlauf.

- Wie wird man an einem Tag zum Milliardär? Ziehen Sie einfach nach Simbabwe. Ein US-Dollar war dort im Jahr 2018 mehr als 2,5 Milliarden Simbabwe-Dollar wert. Leider kostete ein Laib Brot zur gleichen Zeit mehr als 10 Milliarden.

- Wenn Sie Schnecken aus Ihrem Garten vertreiben wollen, brauchen Sie nur ein paar Münzen darin zu vergraben - sie erhalten einen elektrischen Schlag, wenn sie mit dem Kupfer und Zink in Berührung kommen, aus denen sie hergestellt sind.

- Pablo Escobar gab monatlich 2.500 US-Dollar für den Kauf von Gummibändern aus, mit denen Geldscheine in 100er-Paketen verpackt werden.
- Es heißt, dass Geld schmutzig ist, und das stimmt auch. Mehr als 90 % der Banknoten enthalten Spuren von Kokain, und das Grippevirus kann auf einer Banknote bis zu 17 Tage überleben.
- Im Jahr 2018 ist die Verwendung von Bargeld in den nordischen Ländern drastisch zurückgegangen - der Bargeldmarkt wurde durch elektronische Überweisungen und mobile Zahlungen ersetzt. Außerdem hat die Deutsche Bank angedeutet, dass Bargeld durch Kryptowährungen ersetzt werden wird! Keine Sorge - nach neuesten Forschungsergebnissen werden wir sie nicht so schnell wieder los. Das Bargeld wird nicht physisch verschwinden, aber die Zahl der Transaktionen, die damit getätigt werden, wird zugunsten des mobilen Zahlungsverkehrs zurückgehen.
- Ein Graveur ist eine Person, die Motive auf die Oberfläche von z. B. Metallen oder Edelsteinen aufbringt.Das Gravieren von Münzformen erfordert besonderes Geschick, denn das Design, das Sie auf den Formen anbringen, muss ein Spiegelbild dessen sein, was Sie auf die Münze prägen wollen.
- Um diese Art von Graveur zu werden, braucht man bis zu 15 Jahre Ausbildung.
- Es gibt mehr als 1,6 Millionen Geldautomaten auf der Erde (und ihre Zahl wächst). Eine befindet sich sogar in der Antarktis. Der beliebteste Tag, um Geld an einem Geldautomaten abzuheben, ist der Freitag.
- Man schätzt, dass weniger als 20 Prozent aller Millionäre ihr Vermögen entweder erworben oder geerbt haben.
- Der durchschnittliche Millionär geht im Laufe seines Lebens durchschnittlich 3 bis 5 Mal in Konkurs!

- Die erste offizielle Ein-Cent-Münze der USA, die "Fugio", die 1787 von Benjamin Franklin entworfen wurde, enthielt diesen Ratschlag: "Kümmere dich um deine Angelegenheiten" ("mind your business").
- Emerich Juettner war ein Profi im Fälschen von Geld. Der Deutsche war der produktivste Fälscher der Geschichte. Schätzungsweise 150 Millionen Pfund an gefälschten Banknoten wurden hergestellt.
- Nur 8 % der weltweiten Währung ist physisches Geld.
- Die Römer waren die ersten, die das Bild einer lebenden Person auf Münzen prägten.Kaiser Gaius Julius Caesar Augustus war der erste, der sein Bildnis auf eine Münze prägen ließ.
- Das Land mit der höchsten Inflation der Welt ist Simbabwe. Die Inflationsrate in Simbabwe hat bis zu 89 700 % pro Monat erreicht.
- Tee wurde in Sibirien bis zum Zweiten Weltkrieg als Geld verwendet.
- Er wurde nur gegen andere Waren und Dienstleistungen getauscht - er war kein gesetzliches Zahlungsmittel.
- Die Vereinten Nationen (UN) gehen davon aus, dass es rund 180 verschiedene Währungen auf der Welt gibt.
- Pablo Escobar hatte so viel Geld herumliegen, dass die Ratten etwa 1 Milliarde Pfund gefressen haben.
- Wenn Sie mehr als 13.500 € im Jahr verdienen, gehören Sie zu den 4 % der reichsten Menschen der Welt
- Amerikanische Banknoten sind nicht aus Papier, sondern bestehen hauptsächlich aus einer speziellen Mischung aus Baumwolle und Leinen.

INTERNET

- Der erste häufig verwendete Smiley war das Symbol :-), das den humorvollen Charakter eines Ausdrucks unterstreichen sollte. Als sein Erfinder gilt der amerikanische Informatiker Scott Fahlman, der den Smiley 1982 in einer Nachricht im Internet verwendete.
- Jede Minute werden etwa hundert Stunden neuer Videoinhalte auf YouTube hochgeladen. Das bedeutet, dass es mehr als sechzehn Jahre dauern würde, alle auf der Website eingestellten Filme an einem einzigen Tag anzusehen.
- Die erste Website, die auf der Schweizer CERN-Website erstellt wurde, ist immer noch zugänglich. Die Website war viele Jahre lang nicht zugänglich, wurde aber im letzten Jahr wiederhergestellt und restauriert.

- Während Sie den Mount Everest besteigen, können Sie Hochgeschwindigkeits-LTE-Internet nutzen. Das Netz funktioniert sogar auf dem Gipfel des höchsten Berges der Welt!
- Die allererste Webcam wurde 1991 an der Kaffeemaschine der Universität Cambridge installiert. Die Mitarbeiter der Einrichtung konnten damit nachsehen, ob ihr Getränk bereits gebraut war. Das Gerät, das Bilder mit einer Auflösung von 128x128 Pixeln aufnahm, wurde 1993 an das Netz angeschlossen. Acht Jahre später wurde die berühmte Kaffeemaschine bei einer Online-Auktion für rund 3600 Euro verkauft.
- Im Jahr 2020 werden weltweit mehr als 4,5 Milliarden Menschen online sein, und die Zahl der Social-Media-Nutzer hat bereits 3,8 Milliarden überschritten, was bedeutet, dass fast 60 Prozent der Weltbevölkerung bereits online sind, so der in Zusammenarbeit mit Hootsuite veröffentlichte Bericht Digital 2020.
- Es klingt fast unglaublich: Sieben sorgfältig ausgewählte Personen aus der ganzen Welt besitzen sogenannte "Internet-Schlüssel" - elektronische Karten, die einen Teil einer Chiffre enthalten, mit der man das Internet buchstäblich neu starten kann. Im Falle eines weltweiten Hackerangriffs werden die Wachen zu einer Militärbasis in den Vereinigten Staaten gerufen. Wenn sie dort ihre Schlüssel aktivieren, wird das Netz abgeschaltet.
- Das erste Werbebanner erschien 1994 im Rahmen einer Kampagne des Telekommunikationsriesen AT&T.
- Vier Jahre nach der Erfindung des Internets nutzten es bereits 50 Millionen Menschen. Das Telefon brauchte 75 Jahre, das Radio 38 Jahre, das Fernsehen 13 Jahre und das Angry Birds-Spiel ... um die gleiche Zielgruppe zu erreichen. 35 Tage.

- Weltweit gibt es vier Milliarden E-Mail-Postfächer. Jeden Tag werden 190 Milliarden Nachrichten von ihnen verschickt. Analysen zufolge könnten bis zu 80 % dieser Zahl aus Spam bestehen.

- Das erste Video auf Youtube wurde im April 2005 hochgeladen. Yakov Lapitsky hat ein Video hochgeladen, das einen seiner YouTube-Schöpfer, Jawed Karim, im Zoo zeigt. Das Video hat derzeit mehr als 80 Millionen Aufrufe.

- 90 Milliarden Apps wurden 2016 auf iOS- und Android-Mobilgeräte heruntergeladen. Neun der zehn beliebtesten Apps gehören zu Google und Facebook, die die Nutzer täglich verwenden.

- Das Deep Web ist eine riesige Ressource des Internets, die jedoch mit der Google-Suchmaschine nicht durchsucht werden kann. Das Dark Web ist ein verborgenes Netz, in dem sich illegale Aktivitäten ausbreiten: der Kauf von Waffen, falschen Dokumenten, Drogen usw.

- Das Internet benötigt 70 Millionen Pferdestärken, um sich in seinem jetzigen Zustand zu erhalten.

- 1 von 3 Downloads sind Inhalte für Erwachsene.

- Sie haben das Wort "Surfen" im Internet schon einmal gehört, oder? Nun, sie wurde 1992 von einem New Yorker Bibliothekar namens Jean Armour Polly ins Leben gerufen.

- Der meiste Internetverkehr wird nicht von Menschen, sondern von Bots und Malware erzeugt. Laut einer Studie von Incapsula werden 60 % des gesamten Website-Verkehrs durch Web-Bots verursacht.

- Ein bei Google eingegebener Begriff legt durchschnittlich 2 500 km zum Rechenzentrum des Unternehmens und zurück zurück, um dem Nutzer Suchergebnisse zu liefern.

- Etwa 16-20 % der täglich in Google eingegebenen Begriffe wurden noch nie zuvor gesucht.
- Das teuerste Schlüsselwort im Google AdWords-Werbesystem ist "Versicherung". Für jeden Klick muss der Inserent fast 55 Dollar bezahlen.
- Der orangefarbene Pfeil, der das Amazon-Logo ziert, symbolisiert, dass man im Shop alles von A bis Z finden kann.
- Königin Elizabeth verlieh Tim Berners-Lee, dem Erfinder von HTML und des World Wide Web, 2004 den Ritterschlag.
- Heute wird Facebook von so vielen Menschen genutzt, wie im Jahr 1804 die Erde bewohnten.

MUSIK

□ Musik hat gesundheitliche Eigenschaften, weil sie Stress reduziert, Angst lindert und den Endorphinspiegel im Körper erhöht. Musiktherapie wird bei Hirnschäden eingesetzt, sie kann verlorene Erinnerungen zurückbringen. Es wurde festgestellt, dass Mozart und ethnische Melodien am effektivsten sind, um Stress abzubauen.

- Kühe geben mehr Milch, wenn sie entspannende Musik hören. Dies wurde 2001 durch Untersuchungen in Großbritannien nachgewiesen. Ruhige, entspannende Musik ließ die Kühe 3 % mehr Milch geben.

- Die Hymne an Nikkal aus der Zeit um 1400 v. Chr. gilt als das älteste Stück, das heute rekonstruiert wurde. Die erste vollständige Aufzeichnung eines bis heute erhaltenen Musikwerks stammt aus dem 9. Jahrhundert n. Chr.

- Jimmy Hendrix komponierte den Song „Little Wind“ in 145 Sekunden, was genau der Länge des gesamten Songs entspricht.

- "Yesterday" - The Beatles wurde erstmals 1965 präsentiert. Nur zwei Jahre später wurden 466 Versionen dieses Stücks aufgenommen. Im Moment sind es über 4000. Es ist der meistgecoverte Song der Welt.

- Wenn Sie während des Trainings Musik hören, verbessern Sie Ihre körperliche Fitness. Dank Musik verbessern wir unser Wohlbefinden, sie hilft uns, unsere Ziele zu erreichen, gibt uns Selbstvertrauen und hilft uns, an unsere eigene Stärke zu glauben.

- Ihr Lieblingslied ist höchstwahrscheinlich Ihr Lieblingslied, weil Sie es mit einem emotionalen Ereignis in Ihrem Leben verbinden.

- Durch das Hören von Musik entspannen und erholen wir uns, und unser Herz passt seinen Rhythmus dem Rhythmus der Musik an.

- Blumen können schneller wachsen, wenn sie Musik hören – insbesondere klassische Musik.

- Die Art der Musik, die Sie hören, beeinflusst die Art und Weise, wie Sie die Welt sehen.

- Laute Musik kann eine Person dazu bringen, in kürzerer Zeit mehr Alkohol zu trinken.

- Kleine Kinder können bis zu doppelt so lange ruhig bleiben, wenn sie einem Lied zuhören, als wenn sie sprechen.
- Musik kann bei Hirnschäden helfen. Manchmal weckt es verlorene Erinnerungen.
- Es ist wissenschaftlich erwiesen, dass Singen in der Gruppe Stress abbaut, Angst lindert und den Endorphinspiegel im Körper erhöht.
- Das erste Instrument ist … die menschliche Stimme. Experten stützten ihre Schlussfolgerungen auf die Fähigkeit, dank der Vibration der Stimmbänder mit Hilfe des Mundes, der Zunge oder anderer Körperteile verschiedene Töne mit der Stimme zu erzeugen.
- Die Vorliebe für ein bestimmtes Musikgenre hängt weitgehend von der sozialen Stellung ab.

KULTUR UND KUNST

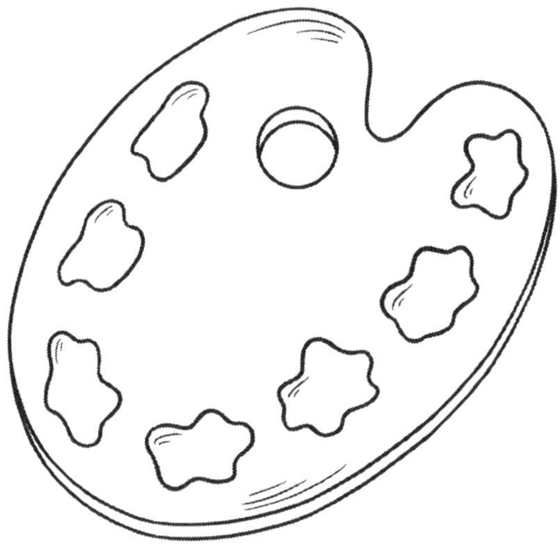

- Mona Lisa – eine Figur aus dem vielleicht berühmtesten Werk von Leonardo da Vinci – hat weder Augenbrauen noch Wimpern. Die ungeschickten kosmetischen Behandlungen der Heldin oder die Ungenauigkeit des Malers? Keines dieser Dinge. Wie der französische Forscher Pascal Cotte 2007 bewies, indem er das Bild in sehr hoher Auflösung scannte, wurden Augenbrauen und Wimpern gemalt, aber sie verschwanden allmählich durch zu intensive „Konservierung“ des Bildes.
- Der niederländische Maler Rembrandt war nicht nur für seine großartigen Gemälde bekannt, sondern auch für seinen extremen Geiz, was seine Schüler so irritierte, dass sie dem Maler alberne Streiche spielten. Sie malten zum Beispiel

Münzen auf den Boden, nach denen sich Rembrandt, wie es seiner Natur entsprach, regelmäßig bückte, um sie zu sammeln.

- Warum sind die Figuren auf alten Porträts und Fotografien meist traurig, ernst? Nein, nicht nur, weil es Stunden gedauert hat, ein Bild zu malen, und kein normaler Mensch würde so lange mit einem Lächeln im Gesicht durchhalten. Nun, Lächeln galt als unangebracht, was Mark Twain in seinem Stil auf den Punkt brachte: „Ein Foto ist das wichtigste Dokument, und es gibt nichts Schlimmeres, als mit einem albernen Lächeln zu posieren, das für immer festgehalten wird."

- Leonardo da Vinci gilt als einer der größten und brillantesten Maler der Geschichte – und das alles, obwohl die Menschheit heute nur etwa fünfzehn seiner Werke kennt. Warum hat Leonardo so wenig gemalt? Schuld daran soll angeblich seine Vorliebe für ständiges Experimentieren mit verschiedenen Techniken sein. Und die, Dinge auf später zu verschieben.

- Als die Taliban 2001 die alten Buddha-Statuen in Bamiyan in Zentralafghanistan zerstörten, schien es ein irreparabler Verlust zu sein. Währenddessen halfen sie völlig unbeabsichtigt, hinter den Statuen verborgene Höhlen freizulegen, die tausend Jahre alte Gemälde enthielten – die ältesten Ölgemälde, die der Menschheit bekannt sind.

- Nach dem Ausbruch des Krakatau-Vulkans im Jahr 1883 waren die Sonnenuntergänge aufgrund von Gasen und Staub, die weltweit in die Atmosphäre emittiert wurden, viele Monate lang blutrot. Eines der Gemälde, das dieses Phänomen zeigt, ist „Der Schrei" von Edvard Munch – im Hintergrund ist ein Sonnenuntergang vom Ekeberg bei Oslo zu sehen.

- Ein Ehepaar aus Bristol, England, hatte Schwierigkeiten, sein Haus zu verkaufen – es war durch Graffiti beschädigt, was potenzielle Käufer effektiv abschreckte. Erst nach einiger Zeit stellte sich heraus, dass der Urheber dieses hässlichen Gemäldes ein ansonsten berühmter Künstler ist, ein gewisser Banksy. Sie erzielten einen Preis, der doppelt so hoch war wie ursprünglich erwartet.

- Die Maske des Tutanchamun ist wahrscheinlich eines der schönsten Artefakte der Welt. Es wurde 1925 im Grab des jungen Pharaos gefunden und ist ein perfektes Beispiel für die Handwerkskunst antiker Künstler. Als sie aus dem Grab gezogen wurde, war die Maske bereits 3.248 Jahre alt und in nahezu perfektem Zustand. Leider hielt es nicht sehr lange. Im Jahr 2014 gab es einen Vorfall, der dazu führte, dass sich der Bart des Pharaos von der Maske löste. Renovierer versuchten sofort, es "schnell" zu reparieren ... mit Kleber. Leider war das nicht so einfach, denn allein der Bart wog über 2,5 Kilogramm. Die Renovierer waren so schlecht, dass sie die Arbeit vermasselten, so gut sie konnten. Ihnen wurde sogar Fahrlässigkeit und Verletzung professioneller Standards vorgeworfen.

- Michelangelos „Jüngstes Gericht“ an der Altarwand sollte wegen seiner Nacktheit nach Fertigstellung übermalt werden, doch Papst Pius IV. war damit nicht einverstanden.

- Die National Gallery of Art in Washington behauptet, dass eines der Gemälde des legendären holländischen Meisters nie seinen Pinsel verlassen hat. Es geht um das Werk „Mädchen mit Flöte“. Das Werk ist ein Gemälde, das Jan Vermeer seit Hunderten von Jahren zugeschrieben wird. Der niederländische Maler, dessen Werk bis ins 17. Jahrhundert zurückreicht, soll das Werk in den Jahren um 1664–1667 geschaffen haben. An der Herkunft und Urheberschaft eines Frauenporträts wird seit langem gezweifelt. Erstens wurde das Gemälde nicht vom Autor signiert. Zweitens sind sie zusammen mit „Das Mädchen mit dem roten Hut“ die einzigen Bilder von Vermeer, die er auf einem Brett und nicht auf einer Leinwand malen sollte.

- Eines der berühmtesten Werke des alten Ägypten ist die Büste von Nofretete, der Frau von Pharao Echnaton, der während des Neuen Reiches den Nil regierte. Die polychrome Skulptur wurde vermutlich 1345 v. Chr. hergestellt. Das Werk stellt den damals geltenden Kanon weiblicher Schönheit sehr anschaulich dar und scheint den Glanz der Herrscher der 18. Dynastie auszustrahlen. Interessanterweise sind die Skulpturen nicht mit Inschriften verziert.

- Wenn man die ikonischsten Kunstwerke Ägyptens aufzählt, kann man die Große Sphinx nicht übersehen. Die monumentale Statue, über 72 m lang und bis zu 20 m hoch, stellt ein mythologisches Wesen mit dem Körper eines Löwen und einem menschlichen Kopf dar, der mit einer königlichen Kappe geschmückt ist. Forscher sind der Meinung, dass sich die Skulptur auf die Figur des Pharao Chefren bezieht, auf dessen Initiative sie angefertigt werden sollte (um 2550 v. Chr., im Alten Reich). Die Sphinx wurde in ein Fragment einer Kalkstein-Monadnock geschnitzt, die beim Bau der Cheops-Pyramide übriggeblieben war.

- Die Cheopspyramide wurde um 2560 v. Chr. während des Alten Reiches erbaut. Forscher sind der Meinung, dass die Bauzeit der riesigen Anlage 20 Jahre betragen haben könnte. Die Präzision der Ausführung des Grabes weckt große Bewunderung. Jede Seite der quadratischen Basis ist mit einer Genauigkeit von bis zu 4 Bogenminuten in die Himmelsrichtungen ausgerichtet. Die Pyramide besteht aus etwa 2,3 Millionen Kalksteinblöcken mit einem durchschnittlichen Gewicht von 2.500 Kilogramm. Die Kammern wurden aus Granitblöcken mit einem Gewicht von 25-80 Tonnen gebaut. Ursprünglich überstieg seine Höhe 146 Meter.

- In der Antike war das Kolosseum ein Symbol römischer Macht und Pracht, die in der ewigen Stadt herrschten. Mehr als 60.000 Sklaven waren am Bau des großen Amphitheaters beteiligt. Die Arbeit dauerte 10 Jahre. Es besteht kein Zweifel, dass es mit der heutigen Bautechnologie möglich wäre, die menschliche Beteiligung erheblich zu reduzieren und die Zeit für die Umsetzung der Investition zu verkürzen. Wie viel würde es heute kosten, das Kolosseum zu bauen? Experten gehen davon aus, dass sich die Kosten auf 380 Millionen US-Dollar belaufen würden.

- Faberge-Eier sind juwelenbesetzte Ostereier, die von der Schmuckfirma „Dom Faberge" in St. Petersburg hergestellt werden.
- Die Freiheitsstatue verdankt ihre grünliche Farbe dem Material, mit dem sie bedeckt ist – Kupfer. Allerdings hatte die Statue nicht immer diese Farbe. Genau diese Farbe wird als Grünspan bezeichnet. Es entsteht durch atmosphärische Korrosion von Kupfer. Kupfergegenstände bekommen nach und nach eine Patina, und dieser Prozess kann mehrere Dutzend Jahre dauern. Daher zeigen die Grafiken, die die Skulptur von Anfang an darstellen, die Figur in verschiedenen Farben.
- Die Flamme in der Freiheitsstatue, die von einer Frauenfigur gehalten wird, besteht aus 24 Karat Gold.
- Die Venus von Willendorf ist die berühmteste prähistorische Skulptur. Obwohl sie fast 30.000 Jahre alt ist, erweckt ihr Aktbild auch heute noch Ehrfurcht und Interesse. Sie gilt als eines der ältesten Kunstwerke.

EXZENTRISCHE HERRSCHER

- Karl VI., der verrückte französische König aus der Familie Valois, übernahm im Alter von zwanzig Jahren die persönliche Herrschaft. Während einer Reise nach Orleans erkrankte er plötzlich an einer psychischen Störung. Er geriet in Wut und griff sein Gefolge an. Es gelang ihm, einen der Ritter zu töten. Der Höhepunkt kam gegen Ende seines Lebens, als er feststellte, dass sein Körper aus Glas war. Er begann, gepolsterte Kleidung zu tragen und verbot allen, sich zu berühren. Die Krankheit hat ihn bis zu seinem Tod nicht verlassen.
- Sultan Ibrahim I. Der berühmteste Vertreter der osmanischen Dynastie war für seine wahnsinnige und grausame Herrschaft bekannt. Es wird vermutet, dass er an einer Reihe von psychischen Krankheiten litt, die zweifellos alle auf das Leben in einem "Käfig", dem fensterlosen Gebäude, in dem er die meiste Zeit seines Lebens

verbrachte, zurückzuführen sind. Nach seiner Entlassung versuchte er, die verlorene Zeit wieder aufzuholen, indem er einen Harem von Jungfrauen gründete, um seinen unersättlichen sexuellen Appetit zu befriedigen. Seine Lieblingsliebhaberin war ein 160 kg schweres Mädchen, das er "Candy" nannte.

- Qin Shi Huang Der erste Herrscher des chinesischen Reiches hatte ernsthafte Probleme. Die wichtigste davon war seine lähmende Angst vor dem Tod, die ihn dazu brachte, einen Großteil seines Lebens mit der Suche nach dem Elixier der Unsterblichkeit zu verbringen. Er war besessen von seiner Sicherheit; seinen Aufenthaltsort preiszugeben, wurde als Verbrechen angesehen. Das Ergebnis dieses Wahnsinns war die Schaffung einer Armee von Terrakotta-Soldaten, die ihn auch nach seinem Tod beschützen sollten.

- Ludwig II. von Bayern Der Herrscher von Bayern wurde berühmt für seine Besessenheit, Schlösser zu bauen. Wenn er reiste, hielt er oft an und sprach mit allen Objekten, die ihm begegneten. Vom Volk verehrt, brachte er hochrangige Beamte in Gefahr, die beschlossen, ihn vom Thron zu stoßen. Die Verschwörer legten eine Liste seiner Exzentrizitäten vor, zu denen Gespräche mit imaginären Personen und Mondscheinpicknicks mit nackten Tänzern gehörten.

- Friedrich Wilhelm I. von Preußen Der Begründer der Macht Preußens war vom Militär besessen. Er war dafür bekannt, dass er gerne in der Kaserne schlief, auch wenn er bereits sehr krank und bettlägerig war. Er wollte, dass sein Sohn Friedrich II. ein guter Soldat wurde, und weckte ihn deshalb jeden Morgen mit einem Kanonenschuss. Um möglichst viele geeignete Rekruten zu gewinnen, forderte er große Männer und Frauen auf, so viele Kinder wie möglich zu "produzieren".

- Georg III. von Hannover, Herrscher über Großbritannien und Irland, war der am längsten regierende König in diesen Ländern. Als Mann mit einem unvergleichlichen Gedächtnis soll er alle seine engsten Vertrauten mit Namen gekannt haben. Eines Tages brachte er es fertig, jede Rede mit dem Wort "Pfau" zu beenden. Er sagte Folgendes: "Meine lieben Herrschaften .... und Pfaue." Er führte auch viele stundenlange Gespräche mit seinen Engeln. Er kam auch mit einer Eiche ins Gespräch, an deren Ast er zuvor zur Begrüßung geschüttelt hatte.

- Caligula Caius Iulius Caesar Caligula, der in seiner Kindheit den Spitznamen Caligula ("der Stiefel") erhielt, regierte Rom vier Jahre lang. Ihm wird die Ernennung seines Pferdes zum Senator zugeschrieben.

- Die Geisteskrankheit von Johanna I. von Kastilien verschlimmerte sich nach dem Tod ihres Mannes Philipp I. des Gerechten im Jahr 1506. Sie war bekannt für ihre Vorliebe für die Leiche ihres Mannes, die sie während ihrer Ehe und noch lange nach seinem Tod auslebte.

- Zhengde aus der Ming-Dynastie bestieg den Thron im Alter von 14 Jahren. Der Herrscher traf nicht nur idiotische und unüberlegte Entscheidungen, sondern konzentrierte sich hauptsächlich darauf, seine eigenen Launen zu befriedigen, anstatt zu regieren. Bis zur Bewusstlosigkeit betrunken, besuchte der Kaiser nicht nur notorisch alle umliegenden Bordelle, sondern gründete auch selbst eines. Einmal ließ er innerhalb seines Palastes ein ganzes Geschäftsviertel errichten, in dem seine Diener, Soldaten und Eunuchen als Straßenhändler verkleidet die ihnen zugewiesenen Rollen spielten, während Zhengde zwischen den Ständen umherging und sich als einfacher Passant ausgab.

- Wir schätzen den bayerischen Herrscher als Pazifisten, Kunstmäzen und Liebhaber von Wagners pompösen Klängen (die wir keineswegs mit Pazifismus, sondern mit germanischen Kriegshymnen in Verbindung bringen). Ludwig II. war, wie die anderen hier beschriebenen Herrscher, ein einzigartiger Sonderling. Um den Tag gegen die Nacht zu tauschen, ließ er sich einen Sternenhimmel an die Decke seines Schlafzimmers malen, und mitten in der Nacht unternahm er stundenlange Kutschfahrten. Dieser König glaubte, er sei die Reinkarnation eines der legendären Ritter der Tafelrunde. Im Schutz der Dunkelheit konnte er sein Pferd sieben Stunden lang im Kreis reiten, um eine lange, heldenhafte Reise von einer Stadt zur anderen zu simulieren. Das Timing solcher Wettkämpfe wurde auf die Minute genau berechnet.

- Adolf Hitler wollte das größte Sportstadion der Welt bauen. Es war geplant, das monumentale Gebäude in Nürnberg zu errichten. Wären die Arbeiten abgeschlossen worden, hätte sie bis zu einer halben Million Menschen Platz bieten können.

- Zar Iwan IV. Er fand großen Gefallen daran, den Adel durch Folter und sadistische Hinrichtungen zu schikanieren. Iwan ermordete seinen eigenen Sohn und Erben, indem er ihn in einem Wutanfall mit einem scharfen Stock schlug. Doch trotz seiner Schwächen machte Iwans Furchtbarkeit ihn zu einem der angesehensten Zaren der russischen Geschichte.

- Justinian II., der byzantinische Kaiser, hielt nach den Niederlagen seines Heeres in Syrien im Jahr 573 offenbar die Spannung nicht mehr aus und verlor den Verstand. Zugegeben, Justin hatte schon früher bizarre Entscheidungen getroffen, wie z.B. seinen Schwiegersohn von Höflingen verprügeln zu lassen, aber diesmal konnte niemand mehr an seinem desolaten Geisteszustand zweifeln. Er versuchte sogar, sich aus den Fenstern des Palastes zu stürzen, woraufhin Kaiserin Sophie diese ordnungsgemäß sichern ließ. Außerdem wies er Höflinge an, seinen Thron durch die Korridore zu schieben, wo er die Diener, denen er begegnete, angreifen und beißen sollte. Zwei davon hat er angeblich sogar gegessen! Um die Aggression des Kaisers irgendwie zu zähmen, wurde Justin mit Gespenstern bedroht - und er versteckte sich dann unter dem Bett. Die Orgelmusik erwies sich jedoch als das beste Mittel zur Beruhigung des Herrschers. Er könnte ihr stundenlang zuhören.

- Einige der seltsamsten Taten Caligulas betrafen sein Lieblingspferd Incitatus. Der Kaiser kleidete das Tier in prächtige Decken und brachte es in einem Marmorstall unter der Obhut einer kleinen Armee von Trainern unter. Caligula erlaubte seinem Pferd sogar, bei Empfängen vom Tisch zu essen, und Gäste wurden oft auf Geheiß von Incitatus in den Palast eingeladen. Doch die absurdeste Extravaganz kam, als Caligula seine Absicht ankündigte, Incitatus zum offiziellen Bürger Roms und später zum Konsul und sogar zum Priester zu machen.

- Napoleon Bonaparte schlummerte vor den Scharmützeln, so laut wie ein Baby in seiner Wiege. Es wird erzählt, dass er vor seinem Triumph in der Schlacht von Austerlitz tief schlief und kaum mehr aufwachte. Auch während der Schlacht von Wagram machte er in einem sehr entscheidenden Moment ein kurzes, zwanzigminütiges Nickerchen und fuhr nach dem Aufwachen fort, Befehle zu erteilen, als ob nichts geschehen wäre.
- Kim Jong Un ist ein Fan von Basketball und alpinem Skifahren, in das er sich während seines Studiums in der Schweiz verliebt haben soll. Er ist ein General, obwohl er keine militärische Erfahrung hat.
- König Heinrich VIII. hatte Bedienstete, die man "Stuhlknechte" nannte und deren Aufgabe es war, ihm den Hintern abzuwischen, wenn er auf die Toilette ging. Während seiner Herrschaft ließ er all diese Diener als Ritter ausstaffieren.

BRÄUCHE UND TRADITIONEN

- La Tomatina ist der größte Tomatenkampf der Welt und wird in der Stadt Buñol (in der Nähe von Valencia) gefeiert. Das spanische Fest beginnt am letzten Mittwoch im August. Die Vorbereitungen für diesen Urlaub beginnen jedoch viel früher. Nur wenige Touristen wissen, dass für diese Veranstaltung eine spezielle Tomatensorte angebaut wird. Obwohl ihr Geschmack zu wünschen übrig lässt, sind sie weich und saftig, was für die Sicherheit der Teilnehmer wichtig ist.
- Obwohl Spucken in vielen Kulturen als unhöflich und vulgär gilt, behandelt ihn der Massai-Stamm in Kenia bei der Begrüßung als Zeichen des Respekts.

Stammesmitglieder spucken normalerweise in ihre Hand, bevor sie sie einer anderen Person geben.

- Der „Polterabend“ gehört zu den Hochzeitsritualen, die im deutschsprachigen Kulturkreis, insbesondere in Hansestädten, praktiziert werden. Bei diesem Brauch wird Glas und Porzellan vor dem Familienhaus der Braut zerschlagen.

- Silvester in Südafrika. Wenn Mitternacht kommt, ist es besser, die Nase nicht aus dem Haus zu strecken. Kurz nach Mitternacht sollte man laut Brauch den nicht mehr benötigten „Ballast“ loswerden. Also werden alle Dinge, die den Besitzern in den Sinn kommen, aus dem Fenster geworfen. Niemand wird überrascht, wenn ein Fernsehgerät, ein Tisch oder andere „schwere“ Geräte aus dem Fenster fliegen.

- Die Sauna ist ein großer Teil der finnischen Kultur und dient nicht nur als historischer Geburtsort, sondern auch als Ort für geschäftliche und sogar politische Diskussionen. Geschäftspartner treffen sich oft in der Sauna, um sich in einer entspannteren Umgebung zu unterhalten. Eine Einladung in die Sauna ist Ausdruck von Vertrauen, Kooperationsbereitschaft und Beziehungsbereitschaft. Wenn wir diesen Vorschlag ablehnen, werden wir Finn traurig machen und er wird uns für taktlos halten.

- Viele Reisende werden überrascht sein zu wissen, dass Toilettenpapier in Indien eine Seltenheit ist. Sein lokaler Ersatz ist normalerweise ein kleiner Wassereimer, der neben der Toilette steht.

- In der Tidong-Gesellschaft in Indonesien dürfen Frischvermählte nach der Hochzeitszeremonie drei Tage lang nicht auf die Toilette gehen. Ein Verstoß gegen diese Regel soll Unglück bringen.

- Rosen sind auf der ganzen Welt ein beliebtes Geschenk, aber ihre Farbe kann in verschiedenen Ländern unterschiedliche Bedeutungen haben. In Mexiko sind gelbe Rosen mit dem Tod verbunden. Es ist besser, bei der Auswahl der Blumenfarbe in diesem Land vorsichtig zu sein.

- In Dänemark wird Zimt auf einsame Menschen gestreut. Diese alte Tradition aus dem 16. Jahrhundert wird noch immer gepflegt. Wenn eine Person an ihrem Geburtstag ohne Partner ist, überschütten ihre Freunde sie mit Zimt. Dieser Brauch bezieht sich auf die dänischen Gewürzhändler, die aufgrund ihrer ständigen Reisen rund um den Kontinent oft keine Zeit zum Heiraten hatten.

- Verspätung in Venezuela. Ob für ein Treffen oder eine Party, Verspätungen sind in Venezuela völlig normal. Die Bewohner dieses Landes schätzen das Leben in einem ruhigen und langsamen Tempo.

- Während in den meisten Kulturen auf der ganzen Welt eine Hochzeit ein Ereignis voller Lachen und Freude ist, geht in der traditionellen chinesischen Hochzeit das Weinen der Braut einen Monat vor der Zeremonie voraus. Nach ein paar Tagen kann sie die bevorstehende Hochzeit mit ihrer Mutter und dem Rest ihrer Familie feiern.

- Der 25. November ist in Frankreich der Tag der Heiligen Katharina, der Schutzpatronin der unverheirateten Frauen. An diesem Tag tragen Frauen, die über 25 Jahre alt sind, grüne und gelbe Hüte, um Weisheit und Glauben zu symbolisieren.

Printed in Poland
by Amazon Fulfillment
Poland Sp. z o.o., Wrocław

15184018R00105